Rechten van cliënten met een verstandelijke beperking

Brenda Frederiks, Loes den Dulk

Rechten van cliënten met een verstandelijke beperking

Basisboek voor begeleiders in de zorg

uitgeverij **boom/nelissen**

Copyright: © Uitgeverij Boom Nelissen, Amsterdam 2009
Omslag: LMcc, Lucienne Meijer, Leusden
Binnenwerk: The DocWorkers, Almere
ISBN: 978 90 244 18220
NUR: 848
1e druk: 2009
2e druk: 2011
3e druk: 2013

www.boomnelissen.nl

Inhoud

Voorwoord

Dit boek is bedoeld voor medewerkers in de zorg voor mensen met een verstandelijke beperking, die te maken hebben met de rechten van cliënten. Werkers willen en moeten deze rechten toepassen in de praktijk en daarom hebben we *Rechten van cliënten met een verstandelijke beperking* ook vanuit de praktijk geschreven. In dit boek bieden we een denkkader voor dilemma's die zich voordoen bij het omgaan met de rechten van mensen met een verstandelijke beperking. Een denkkader dat nader uitgewerkt kan worden door de begeleider, in nauw overleg met zijn team. Elk hoofdstuk eindigt met richtlijnen die inzicht geven in het denkkader en die in de eigen praktijk toegepast kunnen worden.

De belangrijkste boodschap van ons boek is dat inbreuken op rechten van cliënten niet te vermijden zijn. Het gaat immers om mensen met een 'verstandelijke beperking' die, afhankelijk van hun beperking, altijd een ondersteuningsvraag hebben. Wij vinden het belangrijk dat die ondersteuningsvraag van cliënten altijd voorop staat, dat betekent dat je als begeleider voortdurend handelt met een duidelijk doel voor ogen. Elke inbreuk die je doet op de rechten van een cliënt moet bijdragen aan een doel gericht op de ontplooiing van de cliënt, gebaseerd op zijn ondersteuningsvraag. Dit dient uiteindelijk het gezamenlijke doel te zijn van de cliënt, de begeleider en het team.

We willen veel mensen bedanken die een directe of indirecte bijdrage hebben geleverd aan dit boek. Ries van de Nieuwenhuizen voor het kritisch meelezen, Kees Blankman voor het 'juridisch toetsen', Herman Meininger voor het meelezen en het ethisch en inhoudelijk toetsen, Nel Dröge voor haar adviezen op taalkundig gebied, Jan de Ruijter voor zijn geduld, Ed van Tienen voor zijn inspirerend commentaar, Peter Noordhoek voor zijn stimulans en ondersteuning, Gerrie Lammé voor het meedenken en lezen, Monica Boschman voor de ondersteuning bij het schrijven en al die mensen in de praktijk die ons voorbeelden hebben geleverd en ons hebben geïnspireerd.
Heel veel dank daarvoor.

Utrecht, Gouda, januari 2009

Brenda Frederiks, Loes den Dulk

Bij de tweede druk
Op een aantal correcties na is deze druk geheel gelijk aan de vorige.

Bij de derde druk
Op een paar correcties na is deze uitgave gelijk aan de vorige.

Inleiding

Ik heb hier recht op! Hoe vaak horen we mensen dat wel niet roepen in de samenleving? Soms niet vaak genoeg, soms te vaak! Maar wat zijn nu die mensenrechten in het algemeen? En wat zijn die rechten van cliënten in het bijzonder?
Als begeleider in de zorg voor mensen met een verstandelijke beperking zul je de uitspraak 'hier heb ik recht op' niet zo vaak van cliënten zelf horen, maar mogelijk vraag je jezelf wel regelmatig af hoe dat nu zit met de rechten van de cliënten.

En hoewel het thema rechten ver af lijkt te staan van de praktijk van alledag, loop je als begeleider vrijwel dagelijks tegen zaken aan die de rechten van je cliënten raken.
Daarbij gaat het om allerlei soorten vragen, bijvoorbeeld: Mogen wij een cliënt verbieden naar buiten te gaan? Wie mag het dossier van een cliënt inzien? Waarover mogen cliënten in deze woning meebeslissen? Op deze vragen geven we in dit boek geen pasklaar antwoord. We proberen wel om de diverse dilemma's waar je als begeleider tegenaan kunt lopen, te benoemen en ook een richting aan te geven waarbinnen het antwoord gezocht kan worden.
Natuurlijk is het geen spannend boek dat je in één adem uitleest, maar dat is ook niet de bedoeling. Gebruik het als een toegankelijk opzoekboek waarmee je jezelf meer wegwijs maakt in het land van wet- en regelgeving, die je vervolgens ook duidelijk kunt maken aan je cliënt.

Het is aan jou als begeleider – en je team – om vervolgens, op grond van de informatie die in dit boek wordt gegeven, aan de slag te gaan. Dit geldt ook voor de richtlijnen die we aan het einde van elk hoofdstuk opsommen. Ook die geven geen pasklare antwoorden voor de praktijk. Elke situatie, elke cliënt, elke woongroep en elk team heeft zijn eigen kenmerken en dat betekent dat het kader dat wij in dit boek aanreiken, vertaald moet worden naar de eigen werksituatie.

Wij richten ons tot begeleiders die verantwoordelijk zijn voor de directe ondersteuning aan cliënten en daardoor in de praktijk ook te maken krijgen met de dilemma's die wij in dit boek benoemen. Het gaat om begeleiders die werkzaam zijn in voorzieningen, variërend van intramurale instellingen tot zelfstandige woonvormen, voor mensen met een verstandelijke beperking. Daarnaast is de inhoud van dit boek ook van belang voor andere medewerkers in de instelling: de instelling is immers in haar totaliteit verantwoordelijk voor de ondersteuning die wordt gegeven aan cliënten.

De boodschap die wij in ons boek willen meegeven is dat de noodzakelijke inbreuken op of beperkingen in de vrijheid van cliënten, die door begeleiders aan cliënten worden opgelegd, voortdurend een nader omschreven doel moeten hebben. Dat doel moet zijn het vergroten en verruimen van de mogelijkheden van cliënten; dit doel wordt ook wel 'ontplooiing' genoemd. Dit betekent dat je als begeleider steeds handelt vanuit een perspectief. Samen met het team waarvan je deel uitmaakt, maak je afspraken over het vergroten van de mogelijkheden van cliënten. Het lijkt geweldig als je als begeleider nooit hoeft in te grijpen in de vrijheid van een cliënt en als je altijd zijn wensen kunt honoreren. Toch weet je ook dat de cliënten die je ondersteunt, mensen met een verstandelijke beperking zijn en ook altijd zullen blijven. Zij wonen niet voor niets in een instelling waarbij ze gebruik kunnen maken van de ondersteuning die je aanbiedt. Je zult als begeleider daarin een manier van werken moeten vinden, waarbij van belang is dat je ondersteuning ook daadwerkelijk bijdraagt aan de ontwikkeling van de cliënt. Dit betekent ook dat een cliënt, ondanks zijn beperkingen, de mogelijkheid moet krijgen om te leren van zijn fouten.

De opbouw van het boek is als volgt. Na de inleiding zetten we in hoofdstuk 1 onze visie uiteen met betrekking tot de rechtspositie van mensen met een beperking. Die visie is gebaseerd op het allesomvattende recht op ontplooiing. In dit hoofdstuk laten we zien dat in beginsel alle inbreuken op de rechten van de cliënt in het teken moeten staan van zijn ontplooiing en het vergroten van zijn mogelijkheden. Daarna volgen vier hoofdstukken waarin we achtereenvolgens het recht op privacy (hoofdstuk 2), het recht op informatie (hoofdstuk 3), het recht op zeggenschap[1] (hoofdstuk 4) en het recht op vrijheid (hoofdstuk 5) behandelen. Elk hoofdstuk begint met een aantal voorbeelden waarin we dilemma's uit de dagelijkse praktijk presenteren en vervolgens geven we een aantal richtlijnen op basis van wetgeving, praktijk en visie. In hoofdstuk 6 plaatsen we alle besproken rechten in een juridisch kader. We sluiten het boek af met een begrippenlijst en een afkortingenlijst.

De richtlijnen die in elk hoofdstuk terugkeren, zijn richtinggevend; het is de bedoeling dat je die in je team uitwerkt. Elke cliënt, elke situatie, elk team en elke voorziening heeft zijn eigen kenmerken en dat heeft ook gevolgen voor de invulling van de richtlijnen. Deze zullen niet overal hetzelfde zijn. Maar de rechten van cliënten verschillen niet. Die zijn voor alle cliënten gelijk, ongeacht waar een cliënt woont en welke ondersteuning hij krijgt.

---

[1] In dit boek gebruiken we de term 'recht op zeggenschap' in plaats van de term 'zelfbeschikkingsrecht' omdat deze term minder juridisch is en meer gebaseerd is op het taalgebruik in de praktijk.

In dit boek beschrijven we de rechtspositie van mensen met een beperking binnen semi- en intramurale voorzieningen. De veranderingen in de zorg leiden ertoe dat steeds meer mensen buiten de instelling wonen in een eigen woning, met de voor hen noodzakelijke ondersteuning. Daarbij kondigt zich een heel nieuwe discussie over verantwoordelijkheid aan. Wat is bijvoorbeeld de verantwoordelijkheid van de begeleider als een zelfstandig wonende cliënt die vier uur begeleiding per week krijgt, schulden maakt of zijn medicijnen niet op tijd inneemt?

In dit boek laten we deze problematieken buiten beschouwing. Dit laat echter onverlet dat de strekking van ons boek en een groot deel van de voorbeelden ook gebruikt kunnen worden door begeleiders die ondersteuning bieden aan cliënten buiten de instelling.

1 Een visie op de rechtspositie van mensen met een verstandelijke beperking

1.1 Inleiding

Het bieden van ondersteuning is een voortdurende zoektocht naar een optimaal evenwicht tussen enerzijds 'ruimte voor zeggenschap en vrijheid' en anderzijds 'gepaste bescherming', gericht op het vergroten van de mogelijkheden van cliënten.

De cliënte die met haar pop in de poppenwagen naar buiten wil om te wandelen. De cliënt die maar doorgaat met eten als hij de kans krijgt. De cliënt die midden in de zomer in zijn dikke winterjas naar buiten wil terwijl het buiten 25 graden is. De cliënt die niet wil douchen, ook al is hij incontinent van ontlasting. De cliënt die alleen wil gaan wandelen, maar dat niet alleen kan omdat hij geen verkeersinzicht heeft. De cliënt die in de groep zo onrustig wordt, dat het beter is als hij even wordt afgezonderd.
Het zijn allerlei herkenbare situaties waarmee je als begeleider geconfronteerd wordt. Je voelt je dan verantwoordelijk en je staat voor het dilemma om wel of niet in te grijpen in de vrijheid van een cliënt. In de praktijk is het echter lang niet altijd helder tot hoever die verantwoordelijkheid reikt en waar de speelruimte en keuzevrijheid van de cliënt ligt. We brengen bovenstaande situaties vaak niet in verband met het recht. Toch kan het recht je als begeleider helpen om in die dagelijkse dilemma's het optimale evenwicht tussen ruimte en bescherming te vinden.

De keuzes die we voor cliënten maken, raken aan hun rechtspositie. Op basis van het recht op vrijheid, dat voor iedere Nederlander geldt, mag niemand verhinderd worden om naar buiten te gaan als hij dat wil. Maar hoe zit het dan met jouw verantwoordelijkheid als je cliënt geen verkeersinzicht heeft?
Op basis van het recht op zeggenschap[2], dat geldt voor iedere Nederlander, mag iedereen zelf de keuze maken om wel of niet onder de douche te gaan. Maar hoe zit het dan met jouw verantwoordelijkheid

---

2 In dit boek gebruiken we de term 'recht op zeggenschap' in plaats van de term 'zelfbeschikkingsrecht' omdat deze term minder juridisch is en meer gebaseerd is op het taalgebruik in de praktijk.

wanneer de cliënt door incontinentie niet alleen gaat stinken, maar hij ook het risico loopt dat zijn huid kapot gaat en dat hij lelijke wonden krijgt?
Tegenover het recht op vrijheid en het recht op zeggenschap staat het recht op veiligheid en het recht op bescherming. Voor de verantwoordelijkheid van de begeleider betekent dat de plicht tot goed begeleiderschap. Want om cliënten te beschermen moet je als begeleider de cliënt soms zijn zeggenschap ontnemen of zijn privacy of vrijheid beperken. Maar hoe maak je dan een goede keuze, hoe kan het recht daarbij helpen en welk recht weegt dan het zwaarst?

Het beperken van de rechten van cliënten speelt niet alleen bij het gebruik van een separeerruimte, onrustbanden of het gedwongen toedienen van medicijnen. De rechten van cliënten spelen juist in dagelijkse kleine zaken: de cliënt kiest zelf wat hij op zijn brood wil, de cliënt kan zijn eigen kamerdeur op slot doen en kan zijn eigen mening geven. Wij zijn ervan overtuigd dat meer aandacht aan deze kleine dingen vrijheidsbeperkingen als gevolg van grotere incidenten in veel gevallen kan voorkómen.

Ons uitgangspunt is dat inbreuken of beperkingen in de rechten van cliënten, of het nu gaat om beperking van de zeggenschap, de privacy of een ander recht, zo min mogelijk moeten plaatsvinden.
Toch zijn beperkingen van de rechten van cliënten niet altijd te vermijden. Je hebt als begeleider zelfs in sommige gevallen de plicht de cliënt te beperken in zijn vrijheid. Deze plicht is terug te voeren op twee belangrijke rechten van cliënten: het recht op bescherming en het recht op goede zorg.
Mensen met een verstandelijke beperking hebben een bepaalde mate van ondersteuning nodig die per cliënt zal verschillen. Ondersteuning kan ook bestaan uit bijvoorbeeld de beperking van de keuzevrijheid of het overnemen van een bepaalde beslissing. Onze visie is echter dat elke beperking met een bepaald doel moet worden toegepast. In de zorg voor mensen met een verstandelijke beperking lopen begeleiders regelmatig tegen een dilemma aan: loslaten versus beschermen. Het behoort tot de verantwoordelijkheid van een begeleider om in iedere situatie opnieuw een afweging te maken welk recht het zwaarst moet wegen. Bij het maken van een goede afweging is het belangrijk dat je als begeleider een helder doel voor ogen hebt met je ondersteuning. Een doel dat gebaseerd is op goede zorg en afstand neemt van de eerdergenoemde tegenstelling loslaten versus beschermen.

1.2 Het belang van ontplooiing

In onze visie is een belangrijk doel van het recht op goede zorg om de mogelijkheden van mensen met een verstandelijke beperking optimaal tot ontplooiing te brengen. Goede zorg bestaat zowel uit zeggenschap als bescherming. Beide elementen, weliswaar in een juiste balans, zijn noodzakelijk om uiteindelijk een bijdrage te leveren aan het doel van het bieden van ondersteuning: het recht op ontplooiing. In dit kader is het ook toelaatbaar en soms noodzakelijk om mensen met een verstandelijke beperking van tijd tot tijd te beschermen. Het uiteindelijke doel van bescherming is dat deze functioneel bijdraagt aan de ontwikkeling van mensen met een verstandelijke beperking. Met andere woorden: bescherming wordt ingezet om de zelfstandigheid van cliënten te bevorderen.

De kern van het recht op ontplooiing is dat een begeleider zorgvuldig afweegt op welke wijze hij een optimale bijdrage kan leveren aan de verdere ontwikkeling (ontplooiing) van een cliënt. In dat kader kan ondersteuning verschillende vormen aannemen. Op bepaalde momenten kan het noodzakelijk zijn dat een cliënt wordt beschermd. Niet elke vorm van bescherming is per definitie verkeerd. Het recht op zorg, het recht op bescherming en het recht op zeggenschap zijn uiteindelijk gezamenlijk gericht op de ontplooiing van cliënten. Dit betekent ook dat ontplooiing van een cliënt niet wordt belemmerd door het bieden van bescherming. Juist op het moment dat een cliënt niet in staat is om zijn eigen belangen te waarborgen, dient het recht adequate voorzieningen te treffen om een cliënt zo goed mogelijk te laten functioneren in de maatschappij. Zonder de juiste bescherming is de kans groot dat de belangen van cliënten met een verstandelijke beperking worden geschaad. Overigens is het wel van belang dat, ondanks bescherming, de zeggenschap van de cliënt zoveel mogelijk in stand wordt gehouden. Het recht op zeggenschap betekent in beginsel dat een hulpverlener de keuzes van een cliënt zoveel mogelijk moet respecteren en dat hij terughoudend moet zijn met het opleggen van een vrijheidsbeperking. In de zorg voor mensen met een verstandelijke beperking wordt een begeleider regelmatig geconfronteerd met cliënten die niet of minder in staat zijn om keuzes te maken. Op zo'n moment mag een begeleider zich minder terughoudend opstellen en wordt van hem verwacht dat hij zijn uiterste best doet om de zeggenschap van deze cliënten zoveel mogelijk te bevorderen. Een begeleider dient echter te allen tijde de rechten van een cliënt te respecteren. Het belang van de cliënt vormt het uitgangspunt van de ondersteuning die wordt geboden.

In de Wet op de geneeskundige behandelingsovereenkomst (Wgbo) en ook de Wet Bijzondere opnemingen in psychiatrische ziekenhuizen (Wet Bopz) worden veel begrippen nog opengelaten voor nadere invulling, waaronder goed hulpverlenerschap, wilsonbekwaamheid, ernstig nadeel, gevaar en goed vertegenwoordigerschap. Heel belangrijk is dat bij de invulling van deze begrippen zoveel mogelijk rekening wordt gehouden met het bevorderen van de mogelijkheden van

cliënten. Het is niet realistisch om te veronderstellen dat de tegenstelling tussen bescherming en zeggenschap kan worden opgelost door het recht. Wel is het mogelijk om tot een soort middenweg te komen. De onderlinge verhouding tussen de verschillende functies van het recht dient zodanig te zijn dat zij elkaar kunnen aanvullen in plaats van tegenwerken. Vanuit het oogpunt van bescherming zijn begeleiders geneigd om een cliënt te beschermen tegen gevaren. Dit is alleen terecht als bescherming in een bredere context wordt gezien. In het kader van het recht op ontplooiing dient het bieden van bescherming niet alleen gericht te zijn op het afwenden van gevaar, maar ook daadwerkelijk bij te dragen aan de mogelijkheden van een cliënt. Het is de taak en de verantwoordelijkheid van begeleiders om bescherming op maat te bieden en gebruik te maken van de mogelijkheden van mensen met een verstandelijke beperking.
Dit uitgangspunt geldt voor alle cliënten met een beperking, dus zowel voor cliënten met een lichte beperking als een meervoudige, zeer ernstige beperking.

1.3 De functie van het recht in de zorg voor mensen met een verstandelijke beperking

Het recht, in de vorm van wet- en regelgeving, biedt kaders voor begeleiders om met dilemma's in de dagelijkse praktijk om te gaan. Een belangrijke functie van het recht in de zorg voor mensen met een verstandelijke beperking is waarborgen dat de vrijheid van cliënten niet zonder een duidelijke reden wordt beperkt. Het recht biedt de mogelijkheid om grenzen aan te geven die begeleiders in hun dagelijkse praktijk moeten hanteren. De wetgever heeft bijvoorbeeld een aantal voorwaarden geformuleerd in de Wet Bijzondere opnemingen in psychiatrische ziekenhuizen (Wet Bopz) en de Wet op de geneeskundige behandelingsovereenkomst (Wgbo). In beide wetten wordt veel waarde gehecht aan de zeggenschap van cliënten: ingrijpen in de vrijheid van een cliënt mag alleen als er sprake is van ernstig nadeel voor de cliënt zelf (Wgbo) of gevaar voor de cliënt zelf of anderen en/of zijn omgeving (Wet Bopz).

Naast algemene burgerrechten die voor iedere Nederlander gelden, zijn de rechten van mensen met een beperking vastgelegd in verschillende 'patiëntenwetten'. In dit boek spreken we over cliëntenwetten. De rechten van cliënten zijn onder andere terug te vinden in de volgende wetten en regelingen:

- Wet op de geneeskundige behandelingsovereenkomst (Wgbo): regelt de rechten en plichten van de cliënt in relatie tot de begeleider.

- Wet Bijzondere opnemingen in psychiatrische ziekenhuizen (Wet Bopz): regelt de rechtspositie van cliënten die onvrijwillig zijn opgenomen.
- Wet bescherming persoonsgegevens (Wbp): regelt hoe moet worden omgegaan met dossiers, rapportagemappen en andere persoonlijke gegevens van cliënten.
- Regeling curatele, regeling mentorschap en regeling bewindvoering: regelen de ondersteuning van cliënten die niet of onvoldoende in staat zijn verantwoorde keuzes te maken over zaken rond zorg- en dienstverlening en financiën.
- Wet klachtrecht cliënten zorgsector (Wkcz): regelt het recht van cliënten om een klacht in te dienen.
- Wet medezeggenschap cliënten zorginstellingen (Wmcz): regelt de rechten en plichten van een cliëntenraad bij het uitoefenen van medezeggenschap namens alle cliënten van de zorginstelling.

Bovenstaande wetten leveren ieder op hun eigen manier een bijdrage aan de rechtspositie van cliënten in de zorg voor mensen met een verstandelijke beperking. Naast het creëren van duidelijkheid over de rechten van cliënten, worden ook de taken en bevoegdheden van begeleiders en (wettelijk) vertegenwoordigers in relatie tot de cliënt inzichtelijk gemaakt.
Op basis van deze wet- en regelgeving kunnen we een aantal rechten van cliënten benoemen:

- recht op privacy;
- recht op informatie;
- recht op zeggenschap (zelfbeschikkingsrecht)[3];
- recht op vrije meningsuiting;
- recht op vrijheid;
- recht op bescherming;
- recht op goede zorg;
- recht op ontplooiing;
- recht om te klagen;
- recht op veiligheid.

1.4 Een afweging maken tussen diverse rechten

Het recht geeft helaas niet altijd antwoord op alle dilemma's die zich kunnen voordoen in de zorg voor mensen met een verstandelijke beperking. Een steeds terugkerend dilemma is de afweging die begeleiders vrijwel dagelijks moeten maken tussen 'bescherming' enerzijds en 'zeggenschap en vrijheid' anderzijds.

[3] In de wet wordt gesproken over 'zelfbeschikking'. Wij gebruiken de term 'zeggenschap' omdat deze term minder juridisch is en meer gebaseerd is op het taalgebruik in de praktijk.

In dit boek gaan wij ervan uit dat te veel aandacht voor bescherming de rechten van cliënten met een verstandelijke beperking tekort doet en te veel aandacht voor zeggenschap de problemen in het functioneren van cliënten met een verstandelijke beperking ontkent. Beide beginselen zijn echter van essentieel belang in de zorg voor mensen met een verstandelijke beperking. Het is een taak van het recht om een bijdrage te leveren aan het vinden van een optimale balans tussen zeggenschap en bescherming.
Beide elementen zijn terug te vinden in het recht op goede zorg. Een begeleider biedt een cliënt goede zorg in de zin van betrokkenheid, ondersteuning en, waar nodig, bescherming. Tegelijkertijd laat een begeleider de cliënt ook, waar nodig, de mogelijkheid om fouten te maken en daarvan te leren.
In dit boek proberen we afstand te nemen van de tegenstelling die aanwezig is tussen bescherming en zeggenschap. Dit doen we door verdere invulling te geven aan het begrip goede zorg en het recht op ontplooiing.

1.5 Het creëren van openheid en bewustwording

Een belangrijk doel van dit boek is om begeleiders bewust te maken van de rechten van cliënten. Het hebben van een 'beperking' betekent niet dat cliënten geen of minder rechten hebben. Veel cliënten met een verstandelijke beperking zijn nog altijd afhankelijk van zeer veel begeleiders en andere hulpverleners, verblijven langdurig in een voorziening en zijn onvoldoende toegerust om op te komen voor hun eigen mening. Deze drie elementen vereisen dat begeleiders hun handelen voortdurend inzichtelijk en transparant maken en zich ook toetsbaar opstellen. De opdracht van een begeleider is dat hij een cliënt ondersteuning biedt zodat de cliënt zich verder kan ontwikkelen. De wijze waarop hij dat doet, moet voor alle partijen in de zorg inzichtelijk zijn: voor het team en voor de cliënt en zijn vertegenwoordiger (indien de cliënt niet zelf voor zijn belangen kan opkomen).

Een begeleider moet kunnen verantwoorden waarom hij op een bepaald moment ervoor kiest om de rechten van een cliënt te beperken. De beperking moet inzichtelijk zijn, worden verteld aan de cliënt en/of zijn vertegenwoordiger en moet worden vastgelegd in het ondersteuningsplan. Zonder het recht zouden cliënten overgeleverd zijn aan goedbedoelde intenties van hulpverleners. Helaas is de zorg voor mensen met een verstandelijke beperking nog altijd niet vrij van misstanden en schendingen van rechten van cliënten. Het recht dient op zulke momenten cliënten te beschermen.

In je werk als begeleider moet je je kunnen baseren op een visie op de rechtspositie van de cliënten, die je met het hele team deelt. Dat betekent dat je als team veel met elkaar moet discussiëren over de dilemma's die je in de praktijk tegenkomt. Zo ontwikkel je met elkaar de kaders van waaruit je de dilemma's kunt benaderen. We geven in dit boek daartoe een aanzet met behulp van een aantal richtlijnen die je als team kunt uitwerken. Deze wijze van handelen zorgt er ook voor dat je als begeleider niet in je eentje een keuze hoeft te maken en risico's moet afwegen, maar dat je je gesteund en veilig voelt binnen de organisatie waar je werkzaam bent.

2 Privacy

2.1 Inleiding

Een cliënt wil in bad gaan. Hij geeft aan dat hij het niet fijn vindt als andere mensen hierbij aanwezig zijn. Hij heeft echter af en toe last van epileptische aanvallen. Zijn moeder wil liever niet dat hij alleen in bad gaat. Deze afspraak is in het ondersteuningsplan vastgelegd. Wat doe je als begeleider? Respecteer je de privacy van de cliënt? Of volg je de afspraken in het ondersteuningsplan?
Een broer van een cliënte vraagt je of zijn zus voorbehoedsmiddelen gebruikt. De broer is geen mentor of curator, maar toont zich altijd wel heel betrokken bij haar. Het is duidelijk dat hij zich echt zorgen maakt. Wat doe je als begeleider, geef je hem de informatie? Of respecteer je de privacy van zijn zus?
Het begrip privacy is niet eenvoudig te omschrijven. Het heeft te maken met de (bescherming van de) persoonlijke levenssfeer, persoonlijke vrijheid, privésfeer, het verzamelen en bewaren van persoonsgegevens, ontplooiingskansen van een individu en onaantastbaarheid van het eigen lichaam. Ook in de zorg voor mensen met een verstandelijke beperking mag het belang van privacy niet worden onderschat. Het erkennen van de privacy van een cliënt kan een wezenlijke bijdrage leveren aan zijn ontplooiing en kwaliteit van bestaan.
Voorbeelden van het begrip privacy zijn een cliënt die een eigen kamer heeft, in zijn eentje doucht of in bad gaat, een cliënt die een eigen sleutel heeft van zijn kamer, afspraken die worden gemaakt over het inzien van zijn dossier.
Privacy bestaat uit twee dimensies: *ruimtelijke privacy* (die te maken heeft met het verblijf van een cliënt in een woning) en *informationele privacy* (die samenhangt met het verzamelen en uitwisselen van gegevens van een cliënt).

Ruimtelijke privacy valt uiteen in drie aspecten:

1 *De woonsituatie van de cliënt*
Heeft de cliënt een eigen kamer of moet hij deze delen met andere cliënten? Kan de cliënt zich alleen of met zijn familie terugtrekken in een ruimte van de woning?

2 *De aanwezigheid van derden bij verzorging van een cliënt*
Wordt een cliënt verzorgd zonder dat andere cliënten of begeleiders daar bij zijn? Ook de vertegenwoordiger van een cliënt hoeft niet overal bij te zijn, als de cliënt dit aangeeft.

3 *Toepassing van vrijheidsbeperking*
Het beperken van de vrijheid van een cliënt heeft ook gevolgen voor zijn ruimtelijke vrijheid en zijn bewegingsvrijheid. Het opleggen van afspraken over uitgaan of het afzonderen van een cliënt in een afzonderingsruimte zijn voorbeelden van vrijheidsbeperking die ook van invloed zijn op zijn privacy.

Informationele privacy houdt in het verzamelen, vastleggen en uitwisselen van informatie over een cliënt en er discreet mee omgaan. Begeleiders worden dagelijks geconfronteerd met het verzamelen van gegevens, die vervolgens in het ondersteuningsplan worden vastgelegd. Om goede ondersteuning te kunnen bieden aan cliënten is het noodzakelijk dat tussen begeleiders informatie over cliënten wordt uitgewisseld. Om recht te doen aan de informationele privacy van cliënten is het belangrijk dat begeleiders zorgvuldig omgaan met deze gegevens.

2.1.1 HET RECHT OP PRIVACY

Het recht op privacy wordt in Nederland, maar ook in het buitenland, als een belangrijk recht gezien. In zowel nationale als internationale wetgeving is dit recht terug te vinden. Cliënten kunnen in Nederland hun recht op privacy ontlenen aan bepalingen in de Wet op de geneeskundige behandelingsovereenkomst (Wgbo), de Wet bescherming persoonsgegevens (Wbp) en de Wet Bijzondere opnemingen in psychiatrische ziekenhuizen (Wet Bopz).
De wetgever geeft geen duidelijk antwoord op alle hiervoor gestelde vragen. In overleg met alle partijen en rekening houdend met de regels die er bestaan op het gebied van privacy, zul je als goed begeleider moeten handelen.

2.2 Voorbeelden uit de praktijk

Aan de hand van een aantal situaties kijken we naar het recht op privacy in de praktijk. Bij ieder voorbeeld benoemen we de wettelijke kaders en geven we een richting aan waarbinnen gehandeld kan worden.

2.2.1 RUIMTELIJKE PRIVACY

1 Alleen douchen: privacy en veiligheid

Cliënten mogen de deur van de douche niet op slot doen. De redenen hiervoor zijn de veiligheid van de cliënten (ze kunnen uitglijden en vallen) en de hygiëne (ze wassen zichzelf onzorgvuldig en hebben daarop controle nodig). Ook is er een aantal cliënten met epilepsie.

Het recht op privacy van de cliënt betekent in dit voorbeeld het recht de deur van de douche op slot te doen. Het recht op privacy kent echter een aantal grenzen.
In Europese wetgeving is bepaald dat een inbreuk op het recht op privacy van een cliënt is toegestaan in het kader van de *bescherming van de gezondheid* of de *bescherming van de rechten en vrijheden van anderen.* Epilepsie van cliënten kan onder de eerste uitzondering worden geplaatst. Maar omdat niet alle cliënten epilepsie hebben, wordt in bovenstaand voorbeeld de privacy van de ene cliënt beperkt door de aandoening van een andere cliënt. Op dat moment is sprake van een *onevenredige inbreuk* op het recht op privacy van cliënten die geen epilepsie hebben. Als begeleider heb je dan de taak om naar andere oplossingen te zoeken. Voor cliënten die tijdens het douchen een epileptische aanval kunnen krijgen, moet gekeken worden hoe groot dit risico is en welke mogelijkheden er te bedenken zijn om de gevolgen van een epileptische aanval in de doucheruimte te verkleinen.
Het gegeven dat de deur niet op slot zit, kan een epileptische aanval niet voorkomen en is daardoor meer een schijnoplossing. Een alarmsysteem in de douche en een sleutel in de buurt voor noodgevallen vormen een passendere (meer proportionele) oplossing voor het probleem en doen meer recht aan de privacy van cliënten.

Naast de bescherming van de gezondheid kan ook het recht op goede zorg een inbreuk op het recht op privacy rechtvaardigen. Schending van de privacy is hierbij gebaseerd op de verantwoordelijkheid van de begeleider voor de hygiëne en veiligheid van de cliënt. Dit als invulling van goed begeleiderschap. Daarmee lijkt de schending gerechtvaardigd. Toch is het nodig om de noodzaak tot bescherming verder te bekijken.
Voor wat betreft de *hygiëne* zal de discussie gevoerd moeten worden welke basiseisen gesteld worden aan de persoonlijke verzorging van de cliënten. Deze eisen worden in het team besproken, ook om te voorkomen dat in een team verschillende normen en waarden gelden met betrekking tot hygiëne. Dan kan vervolgens bekeken worden welke cliënten daartoe voldoende in staat zijn zonder ondersteuning en welke cliënten daarbij ondersteuning nodig hebben. In overleg met de cliënten kan dan de ondersteuning praktisch worden ingevuld.
Voor wat betreft de *veiligheid* zal gekeken moeten worden naar de risico's en hoe zwaar die wegen tegenover het recht op privacy. Alleen bij cliënten die slecht ter been zijn en bij wie het risico om uit te glijden duidelijk aanwezig is, zijn maatregelen te rechtvaardigen. Ook deze afspraken kunnen in het team worden gemaakt en kenbaar gemaakt aan cliënten en vertegenwoordigers, stagiaires en nieuwe medewerkers. Ook hierbij geldt dat het gegeven dat de deur niet op slot zit een schijnoplossing is en dat er gezocht moet worden naar een passendere (meer proportionele) oplossing.

2 Privacy en werkdruk

Het is 's ochtends altijd een hele klus om alle cliënten op tijd naar het werk en de dagbesteding te krijgen. Daarom help je een paar cliënten tegelijk in de badkamer. Terwijl er één onder de douche staat, help je de tweede bij het aankleden en staat nummer drie zijn tanden te poetsen. Eén cliënt doet altijd moeilijk over deze constructie en weigert de douche uit te komen zolang er andere cliënten in de badkamer zijn.

De Wgbo geeft aan dat een begeleider verplicht is om ondersteuning te bieden aan cliënten, buiten de waarneming van anderen dan de cliënt. Een uitzondering op deze regel mag alleen worden gemaakt als de cliënt ermee heeft ingestemd dat anderen bij de ondersteuning aanwezig zijn. Andere begeleiders die bijvoorbeeld helpen bij het uit bad tillen van de cliënt, leveren een bijdrage aan de ondersteuning en vallen daarom niet onder die regel. Dat betekent in dit voorbeeld dat de cliënt het recht heeft om te douchen zonder dat andere cliënten daar bij zijn. De praktische oplossing voor de tijdsdruk in de ochtend mag de cliënt zijn recht op privacy niet ontnemen. De begeleiding moet op zoek gaan naar een andere oplossing. Mogelijk kan de betreffende cliënt als laatste douchen als de anderen de badkamer al uit zijn. Of juist als eerste douchen voor de andere cliënten in de badkamer zijn.

3 Moedersleutel: privacy en veiligheid

Als begeleider heb je een moedersleutel van alle kamers van cliënten. Deze gebruik je als de cliënten afwezig zijn en in noodgevallen als de cliënt op zijn kamer is, maar niet kan of wil opendoen.

Het recht op privacy van de cliënt betekent dat de moedersleutel in principe niet gebruikt mag worden. Maar de wet geeft geen duidelijke richtlijnen en het schenden van het recht op privacy is te motiveren vanuit de verantwoordelijkheid van de begeleider voor goed begeleiderschap. Je hebt als begeleider de taak om goede zorg te bieden aan cliënten. De mogelijkheid om het recht op privacy te schenden is echter niet grenzeloos.

Het recht op privacy mag worden beperkt om *de gezondheid van de cliënt te beschermen*. Een belangrijke voorwaarde is dat er ook daadwerkelijk iets aan de hand is met de cliënt en hij niet in staat is om zelf zijn deur open te doen. Bijvoorbeeld als hij gevallen is of een epileptische aanval heeft. In beide gevallen mag je zonder toestemming de kamer betreden.

Ook *een noodsituatie* kan een goede reden zijn om als begeleider zonder toestemming de kamer van de cliënt te betreden. Daarvan kan sprake zijn als je het vermoeden hebt dat hij seksueel lastig wordt gevallen.

Als de cliënt zijn kamer niet open *wil* doen, speelt er een ander probleem en is er geen sprake van een noodgeval. Gebruik van de moe-

dersleutel is in die situatie dan ook niet te rechtvaardigen tenzij de cliënt zichzelf of anderen ernstige schade toebrengt.
Bij afwezigheid van de cliënt mag de moedersleutel alleen gebruikt worden met de uitdrukkelijke toestemming van de cliënt (per situatie gevraagd) of bij een noodgeval, bijvoorbeeld een lekkage.

4 Een verzamelaar: privacy en hygiëne

De cliënt verzamelt op zijn kamer allerlei zaken die hij buiten vindt. Zijn kamer staat inmiddels helemaal vol en de huishoudelijke dienst klaagt dat de kamer niet meer schoon te maken is.

Het recht op privacy van de cliënt betekent in deze situatie het recht om zijn eigen kamer in te richten zoals de cliënt dat zelf wil. Maar het recht op privacy botst hier met het recht op goede zorg. Onder goede zorg wordt in dit geval verstaan 'zorgen dat een cliënt in een hygiënische ruimte woont en dat hij goed voor zichzelf kan zorgen'. Het is echter de vraag of het tot de taken van een begeleider behoort om ervoor te zorgen dat een cliënt in een opgeruimde kamer woont. Een cliënt kan hier heel anders over denken. De wet geeft geen duidelijk antwoord in deze situatie. In de instelling zouden afspraken gemaakt moeten worden over de keuzemogelijkheden die een cliënt op dit gebied heeft en welke verantwoordelijkheid de instelling heeft. Ook binnen een team en in overleg met de cliëntenraad moet worden afgesproken hoe met rommel van cliënten wordt omgegaan. Cliënten behoren in elk geval inspraak te hebben over het schoonmaken van hun kamer. Ook is denkbaar dat ze worden geholpen bij het opruimen van hun kamer. Daarnaast is van belang welke spullen zij op hun kamer verzamelen. Zijn het houdbare spullen? Veroorzaakt hun verzamelwoede ongedierte in huis? Kortom, de maatregelen die worden genomen om de kamer op te ruimen moeten in verhouding staan tot de eventuele problemen die kunnen ontstaan door de verzamelwoede van een cliënt (proportionaliteit).

5 Een eigen plek: privacy en de grenzen van de instelling

Een cliënt deelt zijn kamer met een andere cliënt. Hij gaat regelmatig naar zijn kamer om muziek te luisteren. De andere cliënt wil ook regelmatig op zijn kamer zitten, maar als ze er samen zitten gaat het altijd mis. Ze maken ruzie over de muziek en over de rommel.

Het recht op privacy van de cliënten is het recht om in je eigen kamer te doen wat je zelf wilt. Dat recht op privacy botst hier met de mogelijkheden van de instelling. In de wet is niet vastgelegd dat elke cliënt een eigen kamer behoort te hebben. In de Wgbo is alleen bepaald dat elke cliënt zonder de aanwezigheid van anderen ondersteuning geniet. In deze casus wordt de privacy van de ene cliënt belemmerd door de aanwezigheid van de andere cliënt. Gezien de mogelijkheden van de instelling, of liever gezegd de onmogelijkheden, zal de begeleider naar andere creatieve oplossingen moeten zoeken. Mogelijk is de tijd zo in te delen dat de cliënten op wisselende tijden alleen van de kamer gebruik maken, of kan muziek met een koptelefoon beluisterd worden of kan een kamerscherm voor wat privacy zorgen.

6 Privacy en intimiteit

Een cliënt krijgt regelmatig bezoek van zijn vriendin. De afspraak is dat ze niet samen op zijn kamer mogen zijn. Dus ze zitten altijd in de huiskamer met de andere cliënten.

Het recht op privacy van de cliënt in deze casus is het recht om zijn vriendin op zijn kamer te ontmoeten.
In deze casus botst het recht op privacy met het recht op goede zorg en het recht op bescherming. Het is heel begrijpelijk dat begeleiders bang zijn dat er iets gebeurt in de kamer van de cliënt. Maar dat rechtvaardigt de situatie niet bij voorbaat. Aan deze situatie dient een aantal vragen vooraf te gaan, voordat het recht op privacy mag worden beperkt. Wat gebeurt er daadwerkelijk op de kamer van de cliënt? Waar is de begeleider bang voor? Hebben beide cliënten seksuele voorlichting gehad? Gebruiken ze een voorbehoedsmiddel? Kunnen cliënten omgaan met een seksuele relatie? Zolang er geen antwoord kan worden gegeven op deze vragen, is het niet terecht dat de cliënt zich niet mag terugtrekken op zijn kamer. Je verantwoordelijkheid als begeleider ligt op het terrein van het informeren, voorlichting geven, de cliënten helpen bij een weloverwogen keuze en het helpen voorkomen van een ongewenste zwangerschap.
(Deze casus wordt ook uitgewerkt in paragraaf 3.2, voorbeeld 11.)

7 Gezellig onderonsje

Een cliënt krijgt regelmatig bezoek van zijn ouders en zussen. Zijn kamer is klein zodat hij zijn familie alleen in de huiskamer kan ontvangen. Het lukt daarom ook niet om een echt gesprek te voeren.

Het recht op privacy botst ook in deze casus met de mogelijkheden van de instelling. Een cliënt wordt niet in de gelegenheid gesteld om, buiten de aanwezigheid van cliënten en hulpverleners, familie te ontvangen. Ook hier biedt het recht geen duidelijke richtlijnen. Het behoort echter tot de taak van de begeleiders, ook in het kader van het bieden van goede zorg, om zo creatief mogelijk met de mogelijkheden van een instelling om te gaan. Als (goed) begeleider en als team heb je dus wel de verplichting om op zoek te gaan naar alternatieven.

2.2.2 INFORMATIONELE PRIVACY

1 Privacy en overdracht

Tijdens je avonddienst is een cliënt erg onrustig. Hij is snel geïrriteerd en een paar keer ontstaat er bijna ruzie tussen jullie. Je doet hiervan verslag in de algemene rapportage (de map waarin je de bijzonderheden van de dag van de groep noteert) en je maakt ook een aantekening in de persoonlijke rapportage van deze cliënt.

Het dossier van de cliënt is bedoeld om de ontwikkelingen rond die cliënt vast te leggen. Je bent als begeleider verplicht een dossier bij te houden. In de Wgbo is hierover een aantal verplichtingen opgenomen. Omdat je wilt gaan kijken hoe vaak de onrust voorkomt en of je kunt ontdekken wat de oorzaak voor de onrust is, is het dus een goede zaak dat je de gegevens in het dossier vastlegt. Deze verplichting valt onder de taken van een goed begeleider. Uit de Wbp en de Wgbo kan worden afgeleid dat het dossier zorgvuldig opgeborgen moet worden in een afgesloten kast, waar niet iedereen in mag.
De overdrachtsmap is geen onderdeel van het dossier, maar een hulpmiddel voor goede zorgverlening. Ook voor de overdrachtsmap geldt dat deze op kantoor in een gesloten kast moet worden bewaard en niet in de huiskamer mag liggen. Een cliënt heeft overigens de mogelijkheid en ook het recht om te vragen wat je hebt opgeschreven. Hij mag ook vragen om een kopie van zijn dossier.

2 Je verleden achter je laten, privacy en veiligheid

Een cliënt gaat verhuizen naar een andere woonvorm. Tot drie jaar geleden had hij een alcoholprobleem. Hij vraagt je dringend dit niet in de overdracht te melden.

In de Wgbo is vastgelegd dat een cliënt aan een begeleider kan vragen om bepaalde gegevens uit zijn dossier te verwijderen. De begeleider kan dit weigeren als de gegevens volgens de begeleider nodig zijn voor goede ondersteuning of als de gegevens die worden verwijderd van belang zijn voor een ander dan de cliënt.
Je kunt het verzoek afwijzen door een beroep te doen op je goed begeleiderschap. Alcoholverslaving is een probleem dat niet verjaart, het kan dan ook gerechtvaardigd zijn om de informatie hierover wel door te geven. Je moet je altijd afvragen of de gegevens die je in de overdracht vermeldt, ook daadwerkelijk nodig zijn om goede ondersteuning te kunnen bieden. Gegevens over een probleem uit het verleden dat inmiddels geheel is opgelost, hoeven niet te worden bewaard en kunnen op verzoek van de cliënt worden vernietigd. Dit betekent dat je zorgvuldig en in overleg met de cliënt en het team een afweging moet maken.
Daar waar gevaar voor anderen dreigt bij het niet overdragen van informatie, bijvoorbeeld als de cliënt in het verleden vrouwen heeft lastiggevallen, heb je als begeleider het recht zijn verzoek af te wijzen en de betreffende informatie over te dragen.

3 Hoeveel mag een vader over een cliënt weten: privacy en vertegenwoordiging

De vader van de cliënt wil graag het dossier van zijn zoon inzien. De cliënt wil niet dat zijn ouders weten dat hij een relatie heeft.

De vader mag het dossier van zijn zoon alleen inzien als de cliënt daarvoor toestemming geeft. Dat is in de Wgbo bepaald. Die regeling geldt ook als de vader curator of mentor van de cliënt is. In dit geval geeft de cliënt echter aan dat hij niet wil dat zijn ouders bepaalde informatie te weten komen. Als deze keuze wilsbekwaam wordt gemaakt, moet je als begeleider deze keuze respecteren. Je hebt echter als begeleider ook een eigen verantwoordelijkheid. Als in deze casus blijkt dat de cliënt niet wilsbekwaam is in deze situatie, kan de begeleider op grond van zijn goed begeleiderschap tot dezelfde mening komen als de cliënt. Als je van mening bent dat bepaalde informatie niet gelezen moet worden door de vertegenwoordiger mag je op grond van je goed begeleiderschap besluiten om deze informatie uit het dossier te halen.
In paragraaf 6.4.2 werken we het begrip wils(on)bekwaamheid verder uit.

4 Een lastig gesprek: privacy en informatie

Je wilt met de cliënt wat bespreken. Dat is lastig omdat de cliënt meestal te nerveus is voor een rustig gesprek. De gelegenheid doet zich onverwacht voor tijdens het koffiedrinken. De cliënt zit rustig naast je op de bank en je besluit het gesprek nu te voeren. Dat andere cliënten mee kunnen luisteren neem je op de koop toe.

In deze casus kunnen vraagtekens worden geplaatst bij het goed begeleiderschap. Het zou gepaster zijn als de begeleider aan de cliënt vraagt of het goed is dat het gesprek nu wordt gevoerd. Ook de cliënt moet het acceptabel vinden dat anderen meeluisteren. Daarnaast kan hij ook voorstellen om het gesprek op de kamer van de cliënt te voeren of in een ruimte waar geen andere cliënten aanwezig zijn. Op deze manier wordt meer recht gedaan aan de privacy van de cliënt.

5 Privacy en het recht op goede zorg

In de teambespreking staat een cliënt op de agenda. Het team maakt zich zorgen over hem. Eerst wordt aan de aanwezige nieuwelingen, de stagiaire en de invalkracht, uitgelegd wat de voorgeschiedenis van de cliënt is aan de hand van zijn dossier.
In de Wgbo is bepaald dat degenen die rechtstreeks bij de ondersteuning van de cliënt betrokken zijn, ook inzagerecht hebben in zijn dossier. Begeleiders hebben immers informatie nodig om goede zorg te kunnen verlenen. Vraag is wie welke informatie nodig heeft. Er is geen sprake van een onbeperkt inzagerecht. Het gaat alleen om die gegevens die noodzakelijk zijn om je taken goed uit te kunnen voe-

ren. Het is daarom logisch dat stagiaires en invalkrachten minder informatie krijgen dan vaste medewerkers. Binnen een team is het goed als hierover duidelijke afspraken worden gemaakt. Het is ook mogelijk om nieuwelingen, stagiaires en invalkrachten een samenvatting van de dossiers te laten lezen, een soort introductiemap. In deze map staan alleen de gegevens die noodzakelijk zijn om de cliënt de juiste zorg en ondersteuning te bieden. Zo nodig kan de informatie worden uitgebreid. Ook is mogelijk dat alleen in het bijzijn van een vaste medewerker inzage in het dossier wordt verleend.

6 Privacy en eigen keuze

Een cliënt heeft zonder overleg met zijn begeleider een tatoeage laten zetten. Je komt erachter als jij hem helpt bij het douchen. Je reageert geschokt en vraagt waarom de cliënt daar niet over overlegd heeft. De cliënt geeft aan dat hij zeker weet dat het dan niet gemogen had. Je zegt dat je het wel moet rapporteren en doorgeven aan zijn ouders. De cliënt wil dat niet en vindt het ook niet nodig.

Informatie over de tatoeage valt onder het recht op privacy. Als begeleider heb je te maken met een geheimhoudingsplicht. Een begeleider mag niet zonder toestemming van de cliënt deze informatie doorgeven aan de vertegenwoordiger. Hetzelfde geldt voor het vastleggen van de informatie in het dossier. Als de cliënt niet wil dat de informatie over zijn tatoeage wordt vastgelegd, mag de begeleider het niet noteren. De wet biedt alleen een mogelijkheid als de begeleider van mening is dat het niet opschrijven van informatie ernstige gevolgen kan hebben voor de cliënt zelf of voor derden. Als de tatoeage bijvoorbeeld ontstoken zou zijn en wondverzorging door de begeleiders nodig is, is het te verantwoorden als de begeleider op basis van het recht op veiligheid en goede zorg het recht op privacy beperkt en de informatie doorgeeft aan collega's. Ook dan geldt dat de (wettelijke) vertegenwoordiger niet hoeft te worden geïnformeerd.
Een voorbeeld van informatie waarbij er sprake is van gevaar voor anderen kan zijn als een cliënt je in vertrouwen vertelt dat hij met het buurjongetje van twaalf een relatie heeft. Het is in deze situatie in het belang van het buurjongetje toegestaan om je geheimhoudingsplicht te doorbreken. In het voorbeeld over de tatoeage is daar geen sprake van. Als je als begeleider de informatie toch wilt doorgeven, dien je daarvoor toestemming te hebben van de cliënt.
(De casus van de keuze voor de tatoeage komt terug in paragraaf 4.2, voorbeeld 1).

7 Privacy en het dossier

De ondersteuningsplannen liggen in een afgesloten kast op kantoor. De cliënt vraagt of zijn dossier niet op zijn kamer bewaard kan worden. Je geeft aan dat dat niet kan. De medewerkers moeten het dossier altijd in kunnen zien en dat kan niet als het op de kamer van de cliënt ligt. Verder vraag je je af of het ondersteuningsplan dan niet zoek zal raken.

Een cliënt heeft het recht om zijn dossier in te zien en mag om een afschrift van zijn dossier vragen. In de Wgbo is dit recht vastgelegd. Ook is denkbaar dat het originele dossier op de kamer van de cliënt wordt bewaard. Maar het dossier is en blijft wel het eigendom van en de verantwoordelijkheid van de begeleider. In het kader van goed begeleiderschap is het belangrijk dat je met de cliënt goed afspreekt dat het dossier voor begeleiders te allen tijde beschikbaar is, ook als het op de kamer van de cliënt ligt.

8 Het belang van het dossier voor de cliënt

Een cliënt geeft aan dat hij niet wil dat er van alles over hem wordt opgeschreven. Hij vraagt aan jou, zijn begeleider of zijn gehele dossier mag worden vernietigd. Je vindt dit geen goed idee.

Een cliënt kan aan een begeleider vragen om delen uit het dossier te vernietigen. Dit is vastgelegd in de Wgbo. Het vernietigen van het gehele dossier is echter een andere vraag. Het is de vraag of het voor begeleiders mogelijk is om zonder dossier goede zorg te bieden aan een cliënt. Als een cliënt dit verzoek doet, is het goed om het dossier nog eens helemaal door te lopen en samen met de cliënt te bekijken welke delen eruit kunnen worden gehaald. Dit om de cliënt toch tegemoet te kunnen komen. Als de cliënt nadrukkelijk blijft verzoeken om zijn dossier te vernietigen, kan dit consequenties hebben voor de zorg die wordt verleend aan een cliënt. Deze consequenties dienen uitgelegd te worden aan de cliënt. Wat betekent het voor de ondersteuning die hij ontvangt? Denkbaar is bijvoorbeeld dat begeleiders hem op een verkeerde wijze gaan benaderen omdat zij in het dossier niet kunnen (na)lezen hoe zij in bepaalde situaties moeten handelen en wat zich de afgelopen periode heeft voorgedaan. Uiteraard kunnen zij dit voortaan aan de cliënt zelf vragen. Dit moet echter goed met hem worden doorgesproken. Ook als hij zich rot voelt of geen zin heeft, zal hij aan het personeel moeten vertellen wat er aan de hand is en hoe zij hem moeten ondersteunen.
Ook geldt hier weer de uitzondering dat bij een belang voor derden of op grond van een wettelijk voorschrift, zoals de Wet Bopz, een begeleider niet in hoeft te gaan op het verzoek van de cliënt. Bovendien heeft een begeleider op grond van de Wgbo een dossierplicht. Dit betekent dat hij voor zover dit noodzakelijk is voor het verlenen van goede zorg bepaalde aantekeningen moet maken. De begeleider heeft in deze casus dus het laatste woord.

9 Vrijheidsbeperking: wat vertel je aan de vertegenwoordiger?

Je hebt in het ondersteuningsplan gerapporteerd dat je gisteravond, samen met een andere begeleider, een cliënt (onder heftig verzet) een half uur naar een afzonderingsruimte hebt moeten brengen. De cliënt wil niet dat deze gebeurtenis wordt gemeld aan zijn ouders.

In de Wet Bopz is vastgelegd dat toepassingen van vrijheidsbeperkende maatregelen, zoals dwangbehandeling en middelen of maatregelen, ook gemeld moeten worden aan de (wettelijk) vertegenwoordiger van de cliënt. In deze wet is niet geregeld dat cliënten dat kunnen tegenhouden. De Wgbo biedt deze mogelijkheid wel. Als de cliënt niet wil dat informatie aan zijn familie wordt medegedeeld, moet je als begeleider deze wens respecteren.
Hoewel de Wet Bopz voorschrijft dat informatie over vrijheidsbeperkende maatregelen gemeld moet worden aan wettelijk vertegenwoordigers, heb je als goed begeleider wel de verantwoordelijkheid om hierover in gesprek te gaan met een cliënt. Waarom wil hij niet dat deze informatie over vrijheidsbeperkende maatregelen wordt medegedeeld aan zijn ouders? Wat zijn de gevolgen voor de cliënt als zijn ouders horen dat hij 'lastig' is geweest?
Daarnaast kun je als goed begeleider, bij voorkeur in overleg met anderen, tot het oordeel komen dat het melden van de informatie aan de vertegenwoordiger niet bevorderlijk is voor de ondersteuning die je geeft aan een cliënt. Het informeren kan de relatie tussen de cliënt en zijn ouders op een dusdanige manier verstoren, dat je deze informatie beter achterwege kunt laten. Je plicht tot goed begeleiderschap geeft je het recht daartoe waardoor je ook kan besluiten om informatie over vrijheidsbeperkende maatregelen niet te vertellen aan de wettelijk vertegenwoordiger van de cliënt. Op dat moment gaat het belang van de cliënt voor.

10 Hiv-besmette cliënt en zijn recht op privacy

Je hoort van een cliënt dat hij hiv-geïnfecteerd is. Je vindt dat je deze informatie niet alleen moet delen met de rest van je team, maar ook met de andere begeleiders in de voorziening en op de dagbesteding. De cliënt wil dat niet. Hij is bang dat iedereen hem zal gaan ontwijken als bekend wordt dat hij hiv-geïnfecteerd is.

In deze casus gaat het om het recht op privacy van de cliënt en op het recht op informatie van de begeleiders. In principe is de begeleider die de informatie te horen heeft gekregen tot geheimhouding verplicht. Op deze regel zijn drie uitzonderingen. De geheimhouding vervalt:

1 als de cliënt toestemming geeft;
2 als een dwingend wettelijk voorschrift dit voorschrijft;
3 als er sprake is van een conflict van plichten.

Natuurlijk vervalt de geheimhoudingsplicht als de cliënt toestemming geeft de informatie door te geven.

Op basis van de Wet Publieke gezondheid is de begeleider verplicht melding te maken als bij een cliënt een in die wet genoemde besmettelijke ziekte is geconstateerd. Het gaat dan om tuberculose, hondsdolheid enzovoort. Een hiv-besmetting valt niet onder de Wet Publieke gezondheid. Dus is er in dit voorbeeld geen sprake van een dwingend wettelijk voorschrift.
De begeleiders die betrokken zijn bij de ondersteuning, hebben op grond van de Wgbo wel recht op informatie. Dit geldt niet voor de andere – niet rechtstreeks bij de ondersteuning betrokken – begeleiders. Een hiv-besmetting vormt alleen voor de begeleiders die betrokken zijn bij de lichamelijke verzorging van de cliënt een mogelijk risico. Dus afhankelijk van de hulpvraag van de cliënt is er sprake van een conflict van plichten. Als de cliënt geen rechtstreekse lijfelijke hulpverlening ontvangt, is er op het eerste gezicht geen reden om de geheimhoudingsplicht te doorbreken. De werkgever is namelijk op grond van de Arbowet verplicht om voor werknemers een veilige werkomgeving te creëren. Er moet binnen de instelling een beleid bestaan dat in een veilig werkklimaat voorziet en dat gericht is op minimalisering van besmettingsrisico. Begeleiders dienen de voorgeschreven beveiligingsmaatregelen in acht te nemen en niet slechts ten aanzien van een bepaalde persoon. Er bestaat altijd een onzekerheid ten aanzien van besmetting bij mensen met wie je werkt, cliënten maar ook collega's.
Daarnaast speelt nog het aspect van de begeleiding van de cliënt. In hoeverre is hij bekend met de gevolgen van de hiv-besmetting voor zichzelf en voor anderen? Je hebt als begeleider, op basis van je goed begeleiderschap, de verantwoordelijkheid hierover in gesprek te gaan met de cliënt en hem zo nodig te ondersteunen in het verkrijgen van informatie en het omgaan met de hiv-besmetting. Als je de inschatting maakt dat de cliënt in deze wilsonbekwaam is, dien je te bespreken hoe om te gaan met de eventuele seksuele contacten die hij heeft. In overleg met het team, de arts en de vertegenwoordiger van de cliënt kunnen er aanvullende afspraken gemaakt worden over zijn seksuele contacten. Een uiterste mogelijkheid is alles verbieden op seksueel gebied, maar lang voordat die keuze gemaakt kan worden, is het allereerst noodzakelijk het probleem bespreekbaar te maken. In de acties die daaruit volgen, dient voorkomen te worden dat de cliënt een stigma opgelegd krijgt en dat iedereen weet dat de cliënt hiv heeft. Als hij een vriendin heeft, kun je proberen om samen met de cliënt dit aspect te bespreken met zijn vriendin. Uitgangspunt is altijd: niet buiten de cliënt om dit soort dingen bespreken.

11 Privacy en klachtrecht

Een cliënt heeft, ondersteund door de cliëntvertrouwenspersoon, een klacht ingediend bij de klachtencommissie. Deze heeft kennis genomen van de klacht en stuurt naar de cliënt een brief waarin hem ook wordt gevraagd om toestemming te geven voor inzage in zijn dossier. De cliënt weigert dit waardoor de klachtencommissie uiteindelijk besluit om de klacht niet verder te behandelen, aangezien zij niet over de benodigde informatie kan beschikken. Als begeleider van de cliënt ben je echter wel bereid om inzage in het dossier te verlenen.

In de Wgbo is geregeld dat informatie over een cliënt alleen aan derden mag worden doorgegeven als de cliënt daar nadrukkelijk zelf toestemming voor heeft gegeven.
De Wet klachtrecht cliënten zorgsector (Wkcz) zegt echter dat als voor het behandelen van de klacht informatie uit het dossier nodig is, de leden van de klachtencommissie het recht op inzage in dat dossier hebben. In dat geval mag alleen die informatie worden ingezien die noodzakelijk is om de klacht in behandeling te kunnen nemen. De Klachtenrichtlijn Gezondheidszorg adviseert de klachtencommissie de cliënt in ieder geval te informeren over het gebruik van het dossier. Het is ook in de meeste klachtencommissies gebruikelijk dat de cliënt van tevoren schriftelijk om toestemming wordt gevraagd.
De begeleider mag overigens in deze casus niet zonder toestemming van de cliënt het dossier overhandigen aan de klachtencommissie.

2.3 Richtlijnen voor de praktijk

De wetgeving geeft geen glashelder beeld van het recht op privacy van cliënten. Dit geldt met name voor de ruimtelijke privacy. Maar de wetgeving geeft wel een richting aan en dat betekent dat je in de praktijk met je team deze richting verder uit moet werken zodat zowel voor cliënten als voor begeleiders hierover meer duidelijkheid ontstaat. Ook omdat het in de praktijk vaak gaat om dilemma's waar, juridisch gezien, geen eenduidig antwoord op te geven is.

Om het recht op privacy en ontplooiing van de cliënt zoveel mogelijk te garanderen, is een aantal afspraken nodig in aanvulling op de bestaande wettelijke regels. Deze afspraken vormen tegelijkertijd een uitwerking van het recht op privacy. Hieronder geven we in de vorm van een aantal richtlijnen een opsomming van de te regelen zaken. De inhoud ervan is gebaseerd op wetgeving en op algemene normen over onder andere bejegening en empowerment van cliënten en het recht op ontplooiing. De richtlijnen in paragraaf 2.3.1 en 2.3.2 leiden tot een omschrijving van de rechten van cliënten op het gebied van privacy van de eigen instelling.

Als uitgangspunt geldt dat je als begeleider het recht op privacy van een cliënt respecteert. Je mag alleen een inbreuk maken op dit recht als dat bijdraagt aan een noodzakelijke bescherming van de gezondheid van de cliënt of de bescherming van de rechten en vrijheden van anderen. Ook moet de inbreuk zoveel mogelijk in het teken staan van de ontwikkeling en het perspectief van een cliënt. De afspraken en gevolgen van deze inbreuk moeten altijd worden vastgelegd in het ondersteuningsplan en worden besproken met diverse personen, waaronder het team, de cliënt en, met toestemming van de cliënt of als de cliënt in deze wilsonbekwaam is, met de vertegenwoordiger.

Daarnaast dien je bij 'toegestane' inbreuken op het recht op privacy rekening te houden met een drietal eisen, namelijk *subsidiariteit, proportionaliteit* en *effectiviteit*. Dit betekent dat je als begeleider en als team op zoek moet gaan naar het minst ingrijpende alternatief (subsidiariteit), dus niet direct de kamer van een cliënt binnenstappen of het hele dossier laten lezen aan een stagiaire. De inbreuk moet in verhouding staan tot het doel dat je als begeleider beoogt te bereiken (proportionaliteit), dus als er geen sprake is van ernstige gezondheidsklachten mag je niet zomaar de kamer binnenstappen van een cliënt. Tot slot moet de inbreuk ook effect hebben (effectiviteit). Dit betekent dat een inbreuk op de privacy van een cliënt ook daadwerkelijk moet bijdragen aan de bescherming van zijn gezondheid en dus in het teken moet staan van zijn eigen ontplooiing. Als dat niet het geval is, dient de inbreuk direct beëindigd te worden.

2.3.1 RICHTLIJNEN OP HET GEBIED VAN RUIMTELIJKE PRIVACY

1 Het recht op ruimtelijke privacy van de cliënt is uitgangspunt van de zorg- en dienstverlening.

2 Binnen een team worden basiseisen geformuleerd voor veiligheid, hygiëne en persoonlijke verzorging van cliënten. Die basiseisen gelden als referentiekader voor de afweging of de privacy van cliënten op bepaalde momenten beperkt mag worden.

3 Ter bescherming van de veiligheid kan de privacy van cliënten alleen beperkt worden als er sprake is van een redelijke verhouding tussen de risico's en de inbreuk op het recht op privacy.

4 Daar waar een begeleider het recht op privacy van de cliënt beperkt, doet hij dit pas na overleg met zijn team of een deskundige.

5 Iedere beperking van het recht op privacy wordt overlegd met of medegedeeld aan de cliënt en, indien nodig, aan zijn vertegenwoordiger.

6 Iedere beperking van het recht op privacy wordt beschreven en gemotiveerd in het dossier van de cliënt.

7 Het recht op privacy mag worden beperkt in acute situaties als het gaat om rechtstreeks gevaar voor de gezondheid van een cliënt of gevaar voor anderen.

8 Een cliënt heeft recht op ondersteuning zonder de aanwezigheid van andere cliënten en hulpverleners die niet betrokken zijn bij de directe ondersteuning. Hieronder wordt niet alleen de lijfelijke aanwezigheid van anderen verstaan, maar ook het lezen van gegevens en het meeluisteren van een gesprek tussen een cliënt en zijn begeleider (Wgbo).

9 Begeleiders hebben de taak om op zoek te gaan naar creatieve oplossingen en alternatieven daar waar de ruimte van de woning leidt tot inbreuken op het recht op privacy van cliënten.

2.3.2 RICHTLIJNEN OP HET GEBIED VAN INFORMATIONELE PRIVACY

Rondom het recht op informationele privacy geldt een aantal wettelijke eisen en daarnaast is een aantal richtlijnen geformuleerd. Deze richtlijnen moeten nog wel verder worden ingevuld in een team.

1 Het recht op informationele privacy van de cliënt is uitgangspunt van de zorg- en dienstverlening.

2 Ter bescherming van de veiligheid kan de privacy van cliënten alleen beperkt worden als er sprake is van een redelijke verhouding tussen de risico's en de inbreuk op het recht op privacy. Dit gebeurt alleen na overleg met de cliënt en, indien nodig, zijn vertegenwoordiger.

3 Alleen die persoonlijke informatie die nodig is voor een goede behandeling of verzorging mag vastgelegd worden in het dossier (Wbp).

4 De begeleider legt een dossier van de cliënt aan voor goede hulpverlening (Wgbo).

5 De cliënt heeft recht op een afschrift van zijn eigen dossier. Dit geldt niet voor passages die betrekking hebben op een derde, waarbij inzage de persoonlijke levenssfeer van deze persoon zou raken (Wgbo).

6 De cliënt heeft het recht het dossier waar nodig te corrigeren (Wgbo).

7 De cliënt heeft het recht een eigen verklaring toe te voegen aan het dossier als hij een andere mening heeft dan de begeleider (Wgbo).

8 De cliënt heeft het recht om gedeelten uit zijn dossier te laten vernietigen, tenzij:
a) het gaat om informatie die van belang is voor de veiligheid van anderen;
b) de informatie nodig is voor een goede zorg- en dienstverlening;
c) (het vermoeden bestaat dat) tegen een hulpverlener een klacht wordt ingediend (Wgbo).

9 Derden – met uitzondering van de (wettelijk) vertegenwoordiger van een wilsonbekwame cliënt en de waarnemer en hulpverleners die direct bij de ondersteuning zijn betrokken – mogen alleen de persoonsgegevens van de cliënt inzien na toestemming van de cliënt zelf (Wgbo).

10 Een wettelijk vertegenwoordiger mag niet altijd het dossier inzien. Als de cliënt, die wilsbekwaam is ter zake, zich daartegen verzet, moet de wens van de cliënt gerespecteerd worden. De situatie is anders als de cliënt wilsonbekwaam ter zake is. Ook dan hoeft de begeleider echter niet het hele dossier af te geven. Hij mag, op grond van goed begeleiderschap, bepaalde gedeelten achterhouden. Van belang is wel dat daarvoor een goed onderbouwde reden is (Wgbo).

11 Informatie over de cliënt mag niet worden doorgegeven aan derden zonder toestemming van de cliënt. De (wettelijk) vertegenwoordiger van een ter zake wilsonbekwame cliënt heeft wel recht op die informatie. Dit geldt niet automatisch voor alle vertegenwoordigers, ouders en familieleden van de cliënt. In de Wgbo wordt een vaste volgorde genoemd: de persoon die door de cliënt schriftelijk is gemachtigd, de echtgenoot of geregistreerd partner, een ouder, kind, broer of zus. Als een cliënt een wettelijk vertegenwoordiger heeft, is hij degene die geïnformeerd wordt over de cliënt. De overige familieleden (broers en zussen) hebben dan geen recht op informatie of inzagerecht.

12 De (wettelijk) vertegenwoordiger heeft recht op informatie over de toepassing van vrijheidsbeperkende maatregelen (Wet Bopz). De privacy van de cliënt mag hierbij geschonden worden. De begeleider kan van deze regel afwijken op grond van goed begeleiderschap als hij de inschatting maakt dat het in het belang van de cliënt is de vertegenwoordiger niet te informeren.
Afwijken van deze regel mag ook als een wilsbekwame cliënt nadrukkelijk deze wens uitspreekt en daartoe een geldige reden heeft.

13 Het dossier of ondersteuningsplan wordt zorgvuldig beheerd zodat niet iedereen (andere hulpverleners, vertegenwoordigers) het kan inzien.

14 Binnen een team zijn duidelijke afspraken over het beperkt inzagerecht van stagiaires, invalkrachten en nieuwe medewerkers.

15 De klachtencommissie heeft inzagerecht in het dossier van de klagende cliënt. Zodra een cliënt een klacht heeft ingediend, moet de persoonlijk begeleider alle medewerking verlenen aan deze commissie. Dit gebeurt pas na toestemming van de cliënt of de vertegenwoordiger.

16 Daar waar een begeleider zijn geheimhoudingsplicht doorbreekt, doet hij dit pas na overleg met de cliënt en/of na toestemming van de cliënt of, indien de cliënt wilsonbekwaam ter zake is, met zijn vertegenwoordiger. Als de cliënt en/of vertegenwoordiger geen toestemming geven of als toestemming vragen niet mogelijk is, mag de begeleider, als voldaan is aan de andere criteria van conflict van plichten, toch zijn geheimhoudingsplicht doorbreken.

17 Een begeleider mag zijn geheimhoudingsplicht doorbreken als hij ten gevolge van een noodsituatie wordt gedwongen voorrang te verlenen aan een hoger belang (hij weet dat een cliënt de zoon van een andere begeleider lichamelijk betast heeft). We spreken dan van een conflict van plichten. Een begeleider moet op zo'n moment de situatie toetsen aan een aantal criteria (zie paragraaf 6.2.2.1).

3 Informatie

3.1 Inleiding

Informatie is een belangrijke voorwaarde in het leven om keuzes te kunnen maken en om ons veilig te voelen. We hechten er veel waarde aan om goed geïnformeerd te zijn. We lezen de krant, kijken naar het nieuws op tv, lezen boeken om meer over een onderwerp te weten te komen en vragen informatie over allerlei onderwerpen aan mensen om ons heen die daar meer over weten.

Een voorwaarde is wel dat die informatie toegankelijk en begrijpelijk is. Informatie die je niet begrijpt, maakt alleen maar onzeker. Meestal is er meer aandacht voor de volledigheid van de informatie dan voor de begrijpelijkheid. Begrijpelijkheid is natuurlijk ook een subjectief gegeven en daarom lastiger uit te voeren en nog lastiger te controleren. De vraag is natuurlijk ook hoe ver je kunt en moet gaan in het begrijpelijk maken van informatie. Daar zitten logischerwijs grenzen aan, zeker in de zorg voor mensen met een verstandelijke beperking. Het is alleen helemaal niet duidelijk waar die grenzen liggen.

In de zorg voor mensen met een beperking is lange tijd weinig aandacht geweest voor het verstrekken van voor cliënten begrijpelijke informatie. Nog altijd bestaat in de sector weinig voorlichtingsmateriaal over allerlei zaken en moet je als begeleider voor begrijpelijke informatie teruggrijpen op materiaal dat ontwikkeld is voor kinderen en jongeren. Een slechte zaak, zeker als je bedenkt dat goed geïnformeerd zijn een voorwaarde is voor het uitoefenen van zeggenschap over je leven.

Ook is het lange tijd de gewoonte geweest om niet cliënten, maar ouders/verwanten te informeren over allerlei belangrijke zaken. Het waren ook de ouders die besluiten namen namens cliënten, zonder dat cliënten daarover goed werden geïnformeerd. Vanuit het bestwildenken is in het verleden ook de nodige informatie achtergehouden voor cliënten. Het uitgangspunt in die tijd was: beter geen nieuws vertellen dan slecht nieuws vertellen.

3.1.1 HET RECHT OP INFORMATIE

Iedereen heeft recht op informatie over zijn leven. Dit recht is ook wettelijk vastgelegd in de Wet op de geneeskundige behandelingsovereenkomst (Wgbo). Deze wet regelt de relatie tussen behandelaar/arts en patiënt/cliënt en is ook van toepassing op de relatie tussen de begeleider en de cliënt. Het uitgangspunt in deze wet is dat mensen pas een keuze kunnen maken over bijvoorbeeld een verhuizing, het ondergaan van een medische behandeling of over hun werk, als zij hierover voldoende en in begrijpelijke taal geïnformeerd zijn. Het is de plicht van de begeleider om zoveel mogelijk informatie te geven die aansluit bij de belevingswereld van de cliënt.

Het recht op informatie staat los van de term wils(on)bekwaamheid. Te vaak horen we de opmerking dat het toch veel te ingewikkeld is en dat mensen met een beperking niet geïnformeerd hoeven te worden omdat ze het toch niet begrijpen. Wilsonbekwaamheid ontslaat begeleiders niet van de plicht de cliënt zo goed mogelijk te informeren met op de mogelijkheden van de cliënt afgestemde informatie. Dit uitgangspunt moet ook gehandhaafd blijven als de cliënt een vertegenwoordiger heeft. Ook dan geldt dat de cliënt centraal staat en geïnformeerd moet worden.
Het recht op informatie raakt dicht aan het recht op bescherming. Regelmatig wordt in de zorg voor mensen met een verstandelijke beperking informatie achtergehouden of slechts gedeeltelijk gegeven omdat dit beter zou zijn voor de cliënt en hij anders alleen maar onrustig zou worden. Als begeleider mag je alleen informatie achterhouden als voldaan is aan een aantal voorwaarden. Die voorwaarden lichten we nader toe in de voorbeelden en richtlijnen.

3.2 Voorbeelden uit de praktijk

Aan de hand van een aantal situaties kijken we naar het recht op informatie in de praktijk. Bij ieder voorbeeld benoemen we de wettelijke kaders en geven we een richting aan waarbinnen gehandeld kan worden.

1 Informatie over de keuzes die voor de cliënt gemaakt worden

Je hebt, in overleg met de curator van de cliënt, besloten dat een cliënt gaat verhuizen naar een andere woonvorm. Vooral de contacten met zijn groepsgenoten verlopen stroef en de inschatting is dat hij in een andere woning beter op zijn plaats is. De cliënt heeft moeite met veranderingen en wordt daarom pas twee weken voor zijn verhuizing geïnformeerd.

In dit voorbeeld spelen verschillende rechten een belangrijke rol. Het gaat om het recht op informatie, het recht op bescherming en het recht op zeggenschap. Op basis van de situatie die in deze casus wordt geschetst, is het lastig in te schatten of het recht op bescherming van de cliënt terecht of onterecht zwaarder weegt dan het recht op informatie en zeggenschap.
De Wgbo en ook de regelingen curatele en mentorschap regelen dat het de taak van de begeleider en ook van de mentor en curator is om

de cliënt maximaal te betrekken bij de besluitvorming, ongeacht of de cliënt wilsonbekwaam is op dit gebied. Het informeren van de cliënt is daarin de eerste stap. De inschatting dat de cliënt niet met de informatie om kan gaan, lijkt in dit voorbeeld wel erg snel gemaakt. Volgens de Wgbo mag de begeleider de informatie alleen achterhouden als er sprake is van ernstig nadeel voor de cliënt zelf. De wet noemt dit therapeutische exceptie.
Om een oordeel te kunnen geven over hoe ernstig het nadeel voor de cliënt in deze is en hoe zwaar het recht op bescherming in deze casus mag wegen, is het allereerst goed om na te gaan wat verstaan wordt onder 'moeite met veranderingen'. De begeleider moet een hele goede reden hebben om de cliënt niet te informeren, ook omdat de verhuizing een voldongen feit is. Dit betekent dat de begeleider niet `zomaar´ de informatie mag achterhouden. In de Wgbo is vastgelegd dat de begeleider informatie over de verhuizing alleen mag achterhouden voor zover het verstrekken ervan 'kennelijk ernstig nadeel voor de cliënt zou opleveren'. Met 'kennelijk' wordt bedoeld dat niet al te eenvoudig een beroep op deze uitzondering gedaan mag worden. Het nadeel moet zich bovendien ook daadwerkelijk gaan voordoen. De begeleider moet in deze casus zeer zorgvuldig met de invulling van de Wgbo-bepaling omgaan. De cliënt heeft het recht om de waarheid te horen: hij gaat immers ergens anders wonen, wat een zeer ingrijpende gebeurtenis voor hem is. Juist iemand die moeite heeft met veranderingen, moet de tijd krijgen om te wennen aan de verandering, om eerst een aantal keren bij de nieuwe groep op bezoek te gaan om de mensen en de plek alvast te leren kennen. Die bezoeken zijn tegelijkertijd een manier om de cliënt te betrekken bij de besluitvorming. Ze leveren de begeleider en de curator informatie op die ze nodig hebben bij het nemen van de beslissing voor de cliënt.
Er zijn zeker situaties denkbaar waarbij het recht op informatie minder zwaar zou kunnen wegen dan het recht op bescherming. Als in het verleden steeds gebleken is dat de cliënt beter af is zonder de informatie, kan de keuze om de informatie achter te houden, een goede zijn. Daarvoor moeten ervaringen in het recente verleden aan te dragen zijn.
Tegelijkertijd moet gekeken worden hoe erg de onrust voor de cliënt is en of het wel nodig is om deze onrust te voorkomen. Bij iedereen roept een verandering als een verhuizing onrust op, maar de vraag is of dat erg is. Moet je mensen tegen die onrust beschermen? De verhuizing komt toch en de onrust is dan mogelijk veel heftiger.

2 *Weten wat er in het eigen dossier staat*

Een cliënt wil zijn dossier inzien. Je geeft hem het dossier, maar omdat de cliënt moeite heeft met lezen, vraagt hij jou om het dossier uit te leggen. Je hebt daar echt geen tijd voor en je zegt dan ook tegen de cliënt dat dat niet kan.

Iedere cliënt heeft recht op inzage in zijn dossier. Dit recht is vastgelegd in de Wgbo. Een uitzondering mag worden gemaakt voor informatie over derden (deze bepaling hebben we besproken in hoofdstuk 2). Recht op inzage betekent niet alleen dat een cliënt mag kijken in zijn dossier, maar ook dat hij het recht heeft te kunnen begrijpen wat er in zijn dossier staat. Alleen dan wordt voldaan aan zijn recht op informatie. Het is dus niet voldoende om de cliënt alleen maar een kopie van zijn dossier te geven. Het is de taak van de begeleider om in te schatten of de cliënt in staat is om te begrijpen wat er in zijn dossier staat. Het is ook zijn taak om de informatie aan te passen aan de mogelijkheden van de cliënt. De mate van wilsonbekwaamheid heeft geen gevolgen voor het recht op inzage, elke cliënt heeft recht op inzage in zijn dossier.
Hoeveel de cliënt echt zal begrijpen, is van tevoren niet of nauwelijks in te schatten. In de praktijk laten we ons vaak verrassen over wat er toch overgekomen is bij een cliënt terwijl de inschatting tevoren was dat alles langs hem heen zou gaan.
Achter het recht op informatie ligt in deze casus ook het recht op zeggenschap. Zo heeft de cliënt op basis van de Wgbo ook het recht om delen uit zijn dossier te laten verwijderen of in het dossier op te laten nemen dat hij het met een deel van de inhoud van het dossier niet eens is.

In de praktijk kan het zijn dat een begeleider geen tijd heeft om met de cliënt het hele dossier te bespreken. Dan botst het recht op informatie en het recht op zeggenschap met de beperkte mogelijkheden van de organisatie. De begeleider bekijkt dan samen met de cliënt wanneer er wel tijd is om het dossier samen te bekijken en zo nodig uit te leggen. Ook kan worden bekeken of het dossier op een eenvoudiger manier kan worden ingericht, zodat de cliënt in het vervolg ook in staat is om zelf stukken te bekijken en te lezen.

3 Informatie over vanzelfsprekendheden

Trots vertelt de cliënte dat zij nieuwe kleren heeft gekregen van haar begeleidster. Natuurlijk is de kleding betaald met haar eigen geld, maar dat beseft ze niet.

We realiseren ons vaak onvoldoende dat zaken die voor ons vanzelfsprekend zijn, dat voor cliënten niet altijd zijn. Om cliënten meer inzicht te geven in allerlei zaken is het van belang duidelijker informatie te geven. In deze casus zou het goed zijn om samen met de cliënte het geld van haar bankrekening af te gaan halen en haar in de winkel ook zelf te laten betalen en te benoemen dat ze betaalt met haar eigen geld. Zo krijgen cliënten meer inzicht in deze zaken.

4 *Informatie over verschillende keuzemogelijkheden*

Een cliënt staat voor de keuze om ergens anders te gaan werken. Hij maakt al jaren schilderijen die goed verkocht worden. Hij heeft aan jou gezegd dat hij graag ander werk wil gaan doen. Hij wil in een bakkerij gaan werken of op een kinderboerderij. Hij kan echter geen keuze maken. Je vindt het allemaal erg lang duren en omdat je inschat dat het de cliënt niet gaat lukken een keuze te maken, beslis je voor hem en je regelt dat hij vanaf maandag in de bakkerij kan gaan werken.

Het recht op informatie betekent dat je als begeleider een cliënt informeert over de verschillende keuzemogelijkheden. Het gaat dan ook om de voor- en nadelen, de gevolgen en risico's van de verschillende mogelijkheden. De cliënt geeft in deze casus zelf aan dat hij het lastig vindt om een keuze te maken. Dit komt misschien omdat hij niet over voldoende informatie beschikt. Wat betekent het voor de cliënt als hij in de bakkerij gaat werken? Weet hij dat hij dan vroeger moet beginnen met werken? En als hij op de boerderij gaat werken, moet hij niet bang zijn voor dieren en het ook leuk vinden om buiten te werken. Al deze informatie kun je samen met de cliënt doornemen. Daarnaast kan de informatie aan de cliënt mogelijk ook bestaan uit het ervaren van de verschillende werkplekken. Dit soort praktische informatie werkt voor cliënten vaak het beste. Uiteindelijk moet de cliënt zelf een keuze maken. Hij kan deze keuze echter pas maken als hij goed geïnformeerd is over alle voor- en nadelen en ook begrijpt wat de gevolgen van zijn keuze zijn.

5 *Informatie over keuzes 'voor je eigen bestwil'*

Een cliënt is boos omdat hij geen extra zakgeld krijgt. Hij wil een nieuwe stereo-installatie kopen, maar je zegt dat hij daarvoor geen geld heeft en dat hij zal moeten sparen. Je vindt het niet terecht om hem extra zakgeld te geven omdat je vindt dat de cliënt moet leren dat niet alles kan.

De cliënt heeft recht op informatie over zijn eigen geld: wat er op zijn bankrekening staat, hoeveel geld hij maandelijks kwijt is aan allerlei kosten en wat hij elke maand vrij kan besteden. In hoeverre dat voor de cliënt te overzien is, speelt geen rol bij de afweging de cliënt hierover te informeren. Door bij de uitleg gebruik te maken van hulpmiddelen zoals monopolygeld, stem je de informatie zoveel mogelijk af op zijn mogelijkheden. Daarbij hoort ook informatie over de mogelijkheden een lening af te sluiten en op die manier meer geld uit te geven dan je bezit.
Een zakgeldregeling mag niet zomaar als 'opvoedkundig middel' worden ingezet. Op basis van zijn recht op zeggenschap mag de cliënt zelf bepalen op welke wijze hij zijn geld uitgeeft. Als begeleider mag je dit recht wel begrenzen als je daar zeer goede redenen voor hebt. Je hebt immers ook de plicht om op te treden als goed begeleider. Als je inschat dat de cliënt op het gebied van financiën wilsonbekwaam is,

kun je de keuze van de cliënt overnemen en bijvoorbeeld voorkomen dat een lening wordt afgesloten. Je hebt echter wel de plicht om deze keuze uit te leggen aan de cliënt en vervolgens samen met hem naar alternatieven te zoeken. Als je de inschatting maakt dat de cliënt op dit gebied wilsbekwaam is, heb je niet het recht om de cliënt te verbieden de lening af te sluiten. Dit geldt ook voor de vertegenwoordiger van de cliënt. Alles wat een cliënt zelf kan, moet hij ook zelf kunnen beslissen.

6 *Informatie over medicatie*

De cliënt is erg onrustig en op voorschrift van de arts krijgt hij medicatie. Maar juist als hij zo onrustig is, wil hij niets van je aannemen. Vorige keer heeft hij in zijn kamer de gordijnen van de muur getrokken nadat hij weigerde het pilletje in te nemen. Om te voorkomen dat het weer misgaat, heb je het pilletje in de cola opgelost en dat glas staat op tafel. Gelukkig pakt hij nietsvermoedend het glas en drinkt het leeg ...

De cliënt heeft op basis van de Wgbo het recht om geïnformeerd te worden over de medicatie die hij toegediend krijgt. Tegelijkertijd weet je dat het verstrekken van de informatie de toediening van de medicatie onmogelijk maakt. Dat is een lastige afweging. Het recht op informatie botst met het recht op goede ondersteuning en het recht op vrijheid. Je weet namelijk ook dat de cliënt baat heeft bij het gebruik van de medicatie. Hij weet dat zelf ook, maar op het moment dat hij de medicatie moet innemen, weigert hij.
In het belang van de cliënt lijkt de gemaakte keuze – het aanbieden van een glas cola – een logische. Bovendien heb je wel met de cliënt gesproken over zijn onrust en de medicatie die hij daarvoor moet innemen. Hij weet ook dat hij medicatie mag gebruiken om deze onrust weg te nemen. Op dat punt is hij goed geïnformeerd en begrijpt hij ook waartoe de medicatie dient.
Daarnaast speelt in deze casus ook opnieuw de zogenoemde therapeutische exceptie een rol. De begeleider mag de informatie over de medicatie *alleen* achterhouden voor zover het informeren van de cliënt een kennelijk ernstig nadeel voor de cliënt zou opleveren, in dit geval neemt de cliënt zijn medicatie niet in als hij geïnformeerd wordt. De begeleider mag deze beslissing niet alleen nemen. Hij is verplicht om hierover overleg te hebben met een collega of zijn team. Ook moet hij de wijze van toediening in het ondersteuningsplan aangeven met de daarbij behorende motivatie en moet hij de vertegenwoordiger van de cliënt inlichten. Zodra de cliënt beter in zijn vel zit of mogelijk wel de informatie aankan, moet de begeleider overwegen om opnieuw in gesprek te gaan over de medicatie.
Overigens is het toedienen van 'onrustmedicatie' ook een vorm van vrijheidsbeperking die vastgelegd moet worden in het ondersteuningsplan van de cliënt. Als de cliënt zijn onrustmedicatie blijft weige-

ren, is er sprake van dwangbehandeling, wat zowel intern als extern gemeld moet worden.
(Deze casus bespreken we ook in paragraaf 4.2, voorbeeld 13. Dit thema komt ook aan bod in hoofdstuk 6.)

7 Onmogelijke informatie?

Een cliënt met een ernstige verstandelijke beperking slaapt onrustig. Als zijn persoonlijk begeleider stel je aan de vertegenwoordiger voor om een Zweedse band te gaan gebruiken. Je hebt het voorstel al besproken met de behandelend arts. De vertegenwoordiger stemt in met deze maatregel. De cliënt wordt niets gevraagd, hij kan niet praten. De volgende ochtend is in de rapportage te lezen dat de cliënt veel heeft moeten huilen. Ook maakte hij geluiden die hij normaal niet maakt.

Het aspect informatie speelt in deze casus een belangrijke rol. De cliënt heeft een ernstige verstandelijke beperking, waardoor hij moeilijk zal kunnen begrijpen waartoe de onrustband dient. Als begeleider heb je echter altijd de plicht om een cliënt te informeren, onafhankelijk van zijn niveau. Je kunt aan deze cliënt laten zien wat een onrustband is, deze vervolgens aanleggen en ook laten zien wat de gevolgen van deze band zijn: de cliënt kan nu niet meer zelf zijn bed uit, maar hij kan zich nog wel omdraaien en zijn armen en benen bewegen. Het is echter maar de vraag in hoeverre de cliënt je ook daadwerkelijk zal begrijpen. Het recht op informatie kent ook zijn grenzen. Soms is het niet mogelijk om informatie over te brengen aan cliënten. Dit betekent echter niet dat cliënten met een ernstige verstandelijke beperking nooit geïnformeerd hoeven te worden. Het getuigt van goed begeleiderschap als je ook met deze cliënten continu in gesprek blijft. Ook al kunnen deze cliënten niet praten en aangeven wat ze wel en niet begrijpen, ze kunnen wel op andere manieren duidelijk maken wat ze wel of niet prettig vinden.
De vertegenwoordiger is in zo'n geval degene die, naast de cliënt zelf, recht heeft op deze informatie.
(Deze casus bespreken we ook in paragraaf 5.2, voorbeeld 1.)

8 Informatie over klachtmogelijkheden

Een cliënt is boos op de leidinggevende. Hij voelt zich oneerlijk behandeld. Van een andere cliënt hoort hij dat hij een klacht kan indienen. Hij vraagt zijn begeleider hoe dat moet, maar deze zegt dat het indienen van een klacht niet aan de orde is.

Iedereen heeft het recht om te klagen en het recht om geïnformeerd te worden over de klachtenregeling. Dit is vastgelegd in de Wet klachtrecht cliënten zorgsector (Wkcz). Het is niet aan de begeleider om de klacht van een cliënt te beoordelen. Alleen de klachtencommissie kan bepalen of een klacht in behandeling wordt genomen en kan vervolgens een uitspraak doen over de klacht: gegrond dan wel

ongegrond. Als begeleider heb je in deze casus de taak om de cliënt te informeren over de mogelijkheden om een klacht in te dienen. Waar is de klachtencommissie te vinden? Hoe moet je als cliënt een klacht indienen? Hoe verloopt de procedure? De klachtenregeling dient voor cliënten in begrijpelijke taal te zijn vertaald, in de vorm van een brochure. Het informeren over de mogelijkheden een klacht in te dienen en het ondersteunen bij het bespreken van een klacht en het officieel indienen van een klacht is zeker een taak van de begeleider. De cliënt bepaalt wat zijn klacht precies is en wat hij met zijn klacht wil doen. De begeleider oordeelt niet over de klacht of over de keuzes die de cliënt maakt over wat hij wil bereiken met zijn klacht. Ook is de mate van wilsonbekwaamheid niet bepalend. Het is aan de klachtencommissie om een oordeel te geven over de klacht die wordt ingediend.
In veel zorginstellingen is tegenwoordig een cliëntvertrouwenspersoon aanwezig die de cliënt kan informeren en ondersteunen bij het indienen van klachten.
(Deze casus werken we ook uit in paragraaf 4.2, voorbeeld 11.)

9 *Informatie over van alles en nog wat*

Een cliënt is net 18 jaar geworden en vraagt aan jou of hij nu ook mag gaan stemmen en of hij zijn donorcodicil mag invullen. Hij weet dat zijn broer ook een donorcodicil heeft. Je weet niet zo goed wat je moet antwoorden en belooft dat je op deze vragen terugkomt.

Het recht op informatie heeft niet alleen betrekking op het informeren van cliënten over de dagelijkse gang van zaken. Het gaat ook over belangrijke zaken als het invullen van een donorcodicil, stemrecht, het afsluiten van leningen, het hebben van een eigen bankpasje, het geven van bloed bij een bloedbank en het opstellen van een wilsverklaring over levensbeëindiging. Veel van deze informatie wordt achtergehouden voor cliënten onder de noemer 'wat niet weet, wat niet deert'. Ook komt het voor dat in instellingen alle donorcodicillen en stembiljetten massaal worden ingenomen, zodat begeleiders hun cliënten hier niet over hoeven te informeren. Het behoort echter tot de taken van een begeleider om cliënten ook over deze zaken te informeren.
Aangezien veel cliënten niet op de hoogte zijn van alle ontwikkelingen in hun omgeving, is het de taak van een begeleider om bij deze zaken stil te staan en niet te wachten tot de cliënt vragen gaat stellen. Veel cliënten weten niet dat zij donor mogen zijn (vanaf 12 jaar, mits zij wilsbekwaam ter zake zijn), dat zij mogen stemmen en dat zij ook bloed mogen geven aan een bloedbank. Je moet als begeleider erg goede redenen hebben om cliënten niet over deze zaken te informeren. Ook cliënten die een mentor, bewindvoerder of een curator hebben, mogen geïnformeerd worden over bijvoorbeeld een donorcodicil.

10 Het recht op niet-weten

De jaarlijkse vakantieweek met de groep is voor één cliënt altijd een probleem. Zodra hij weet dat de vakantie eraan komt, is hij dagen van slag. De cliënt kan niet goed praten, maar begrijpt het wel als hem verteld wordt dat hij volgende week op vakantie gaat. Hij is vanaf dat moment erg onrustig, gilt veel en krabt zijn armen open. Daarom is met het team besproken dat pas op de ochtend van de vakantie aan de groep verteld wordt dat de vakantieweek is aangebroken. Voor de betreffende cliënt lijkt dit de beste oplossing. Als de vakantie eenmaal begonnen is, heeft hij het prima naar zijn zin en zijn onrust voor die tijd is zo tot een minimum beperkt. Jammer, want de andere cliënten in de groep missen hierdoor de voorpret.

Het recht op informatie en het recht op goede zorg botsen hier met elkaar.
Het recht op informatie is te begrenzen door de cliënt zelf als hij aangeeft niet te willen weten (Wgbo). In deze casus zegt de cliënt niet dat hij de informatie over de vakantie niet wil weten. Tegelijkertijd geeft hij wel duidelijke signalen. Hij gaat zichzelf krabben en wordt onrustig omdat hij de informatie lijkt te begrijpen. Dit gedrag van de cliënt is uit te leggen als niet willen weten. Het recht op goede zorg maakt dan ook dat het een terechte beslissing lijkt om de cliënt van tevoren niet te informeren over de vakantie. Maar deze beslissing mag nadrukkelijk niet al te gemakkelijk genomen worden. Altijd moet de afweging gemaakt worden of het niet vertellen opweegt tegen het nadeel dat daaruit voor de cliënt of anderen voortvloeit.
Belangrijk is ook dat een beslissing als deze niet voor tien jaar geldt. Je zult met een zekere regelmaat moeten uitproberen of de cliënt nog steeds de keuze maakt niet te willen weten.
Tegelijkertijd heeft de juiste keuze voor deze cliënt wel een fors gevolg voor zijn groepsgenoten. Zij worden onevenredig slecht geïnformeerd. En de vraag is of dit te rechtvaardigen is op basis van het belang van de betreffende cliënt. Dit is een lastige situatie omdat het onmogelijk lijkt de ene cliënt niet en de anderen wel te informeren over de komende vakantieweek. Informatie over een vakantieweek is niet zeer essentieel, maar het zou in dit voorbeeld natuurlijk ook kunnen gaan over bijvoorbeeld een verhuizing. Het achterhouden van informatie voor de andere cliënten lijkt in dit voorbeeld wel een erg zwaar middel ter bescherming van één cliënt.

11 Seksuele voorlichting

Twee cliënten trekken vaak met elkaar op. De afspraak is dat ze niet samen op hun kamer mogen zijn. Dus zitten ze altijd in de huiskamer met de andere cliënten. Beide cliënten hebben, voor zover bekend bij de groepsleiding, geen seksuele voorlichting gehad. Het team ziet in de relatie ook geen seksuele gevoelens over en weer. Doordat het stel steeds in de huiskamer zit, is verdere voorlichting ook niet nodig. De begeleiders zijn bang dat voorlichting juist seksuele gevoelens los zal maken en ze twijfelen of cliënten dit aankunnen.

In deze casus spelen het recht op informatie, het recht op zeggenschap, het recht op bescherming en het recht op privacy allemaal een rol. De begeleiders maken in deze casus de keuze om het recht op bescherming het zwaarst te laten wegen. De vraag is of dat terecht is. Iedere cliënt heeft in principe recht op seksuele voorlichting. De inschatting dat de cliënten niet met een seksuele relatie om kunnen gaan, lijkt wel erg snel gemaakt. De beslissing om cliënten niet voor te lichten, legt de cliënten grote beperkingen op. Het in de huiskamer zitten voorkomt mogelijk het ontstaan van een seksuele relatie, maar het voorkomt ook een mogelijke verdere verdieping van de vriendschap. Alleen als er sprake is van ernstig nadeel voor de cliënten mag je als begeleider informatie achterhouden. Dat is hier nog lang niet aan de orde. Het informeren van cliënten over het thema seksualiteit maakt onderdeel uit van de ontwikkeling die cliënten doormaken. Uiteraard moet de vorm waarin de informatie wordt gegeven en de omvang van de informatie wel worden aangepast aan de levensfase waarin de cliënten zich bevinden. Ook moet de informatie passen bij de mogelijkheden van de cliënten.
(Deze casus hebben we ook uitgewerkt in paragraaf 2.2.1, voorbeeld 6.)

12 Begrijpelijke informatie

Een cliënt komt naar je toe omdat hij wat meer wil weten over de aanschaf van een computer. Je geeft hem een brochure over het onderwerp. De brochure is niet in eenvoudige taal geschreven en de cliënt begrijpt de informatie onvoldoende en laat het plan varen om zich verder in het onderwerp te verdiepen.

De begeleider heeft de taak de cliënt te ondersteunen in zijn ontplooiing. Het geven van een brochure is in deze casus geen ondersteuning op maat. Het is de taak van de begeleider op zoek te gaan naar vereenvoudigd informatiemateriaal of om zelf het onderwerp verder uit te leggen, of de cliënt te ondersteunen in het vinden van iemand die hem meer over het onderwerp kan vertellen. Juist met het oog op het recht op ontplooiing is dit een belangrijke taak van de begeleider. In dit geval zou de begeleider samen met de cliënt de folder door kunnen nemen, op internet op zoek kunnen gaan naar informatie, met de cliënt in kaart kunnen brengen welke computer hij zoekt en mogelijk een demonstratie-dvd van een computerfabrikant kunnen bekijken. Vervolgens kunnen zij dan samen naar een computerwinkel gaan. Zodra de computer is aangeschaft kan de begeleider, in overleg met de cliënt, hem opgeven voor een cursus.

3.3 Richtlijnen voor de praktijk

De wetgeving geeft geen glashelder beeld van het recht op informatie van cliënten. De wetgeving geeft wel een richting aan. Ook zijn er diverse richtlijnen verschenen over het informeren van cliënten, bijvoorbeeld *Van wet naar praktijk. Implementatie van de Wgbo. Deel 2 Informatie en toestemming* (Witmer & De Roode, 2004). Deze richtlijnen geven echter geen pasklaar antwoord op elke vraag. Dat betekent dat je in de praktijk met je team die richting verder uit zult moeten werken zodat zowel voor de cliënten als voor de begeleiders hierover meer duidelijkheid ontstaat. Ook omdat het in de praktijk vaak gaat om dilemma's waar geen eenduidig antwoord op te geven is.

Om het recht op informatie en optimale zeggenschap van de cliënt zoveel mogelijk te garanderen, is een aantal afspraken nodig naast de bestaande wettelijke regels. Hieronder geven we in de vorm van een aantal richtlijnen een opsomming van de te regelen zaken. De inhoud ervan is gebaseerd op wetgeving en op algemene normen over onder andere bejegening en empowerment van cliënten. De richtlijnen leiden tot een omschrijving van de rechten van cliënten van de betreffende instelling.

Als uitgangspunt geldt dat je als begeleider het recht op informatie van een cliënt respecteert. Een begeleider die deze houding aanneemt, levert een bijdrage aan de ontplooiing van een cliënt. Zonder goede en passende informatie kan een cliënt veel moeilijker een goede beslissing nemen. Een begeleider mag alleen inbreuk maken op het recht op informatie van een cliënt als hij daarmee ernstig nadeel voor de cliënt kan voorkomen of als de cliënt zelf nadrukkelijk aangeeft niet te willen weten *tenzij* het niet-weten niet opweegt tegen het nadeel dat daaruit voor hemzelf of anderen voortvloeit (behandelbare ziekte, besmettelijke ziekte of een erfelijke ziekte). De afspraken en gevolgen van deze inbreuk moeten altijd worden vastgelegd in het ondersteuningsplan en worden besproken met diverse personen, waaronder het team, de cliënt en/of de vertegenwoordiger.

1 De cliënt dient maximaal geïnformeerd te worden over keuzes die hij kan maken en over keuzes die voor hem gemaakt moeten worden.

2 Informatie aan cliënten is maximaal afgestemd op de mogelijkheden van de individuele cliënt, in voor de cliënt begrijpelijke taal die zo nodig ondersteund wordt met foto's, pictogrammen en verwijzers.

3 Naast mondelinge informatie dient er zoveel mogelijk schriftelijk informatiemateriaal of videomateriaal beschikbaar te zijn voor cliënten.

4 Informatie van de zorgaanbieder die voor cliënten van belang is, wordt vereenvoudigd en voorzien van pictogrammen en/of foto's beschikbaar gesteld door de zorginstelling.

5 Algemene informatie wordt op overzichtelijke wijze beschikbaar gesteld, bijvoorbeeld als informatiebord.

6 De cliënt kan gebruik maken van hulpmiddelen zoals een picto-agenda.

7 De inschatting dat een cliënt informatie niet zal begrijpen, is geen acceptabele reden om informatie achter te houden.

8 De cliënt heeft recht op voor hem begrijpelijke uitleg van de inhoud van zijn dossier (Wgbo).

9 Het achterhouden van informatie mag alleen op basis van recente ervaringen met de cliënt. De beslissing om informatie niet mede te delen aan een cliënt mag een begeleider niet alleen nemen; hij moet dit samen met een andere collega doen. Zodra de cliënt het wel aankan, moet de informatie alsnog gegeven worden.

10 Een persoonlijk begeleider mag de informatie die hij ter voorkoming van ernstig nadeel voor de cliënt tijdelijk niet meedeelt aan de cliënt, in het kader van goede verzorging of behandeling wel meedelen aan de familie of betrokkenen van de cliënt (bijvoorbeeld als de cliënt in het weekend naar huis gaat).

11 Het structureel achterhouden van informatie dient minimaal ieder half jaar, maar bij voorkeur vaker, geëvalueerd te worden. De begeleider moet de informatie aan de cliënt meedelen zodra het ernstig nadeel is geweken voor de cliënt.

12 De (persoonlijk) begeleider is verantwoordelijk voor het overbrengen van de informatie aan de cliënt over de dagelijkse gang van zaken.

13 In gesprekken met de cliënt waarbij anderen aanwezig zijn, zoals een vertegenwoordiger of begeleider, is in eerste instantie de cliënt de gesprekspartner.

14 De begeleider maakt de uiteindelijke beslissing om de cliënt al dan niet te informeren. Dit gebeurt op basis van de plicht tot goed begeleiderschap, al dan niet in overleg met het team of de gedragskundige. De wens van de vertegenwoordiger is hierin niet beslissend.

15 Informatie kan worden achtergehouden als de cliënt heeft aangegeven 'niet te willen weten'. De cliënt kan dit aangeven in woorden, maar ook in gedrag. De begeleider maakt de inschatting van het gedrag in overleg met het team of de gedragskundige. Als door het onthouden van informatie een nadeel ontstaat dat niet opweegt tegen het nadeel dat daaruit voor hemzelf of anderen voortvloeit, moet de informatie alsnog worden gegeven.

4 Zeggenschap

4.1 Inleiding

Een cliënt kiest ervoor om al zijn zakgeld op te maken aan cd's terwijl hij geen cd-speler heeft. Je schat als begeleider in dat het een onbezonnen keuze is en je wilt hem ervan weerhouden. Wat doe je, gun je hem zijn zeggenschap of bescherm je hem tegen het verspillen van zijn geld?
Een cliënte is helemaal gek op knuffelberen en wil met een van haar beren in de oude poppenwagen buiten gaan wandelen. Wat doe je, gun je de cliënte haar zeggenschap, of bescherm je haar tegen blikken van medelijden of uitlachen?
De cliënt die te veel alcohol drinkt, de cliënt die zichzelf tot bloedens toe krabt, het zijn allemaal voorbeelden van cliënten die keuzes maken waarvan wij vinden dat het slechte keuzes zijn. Wanneer heb je dan als begeleider het recht of misschien zelfs de plicht om in te grijpen en de keuze van een cliënt te verbieden?

Zeggenschap, zelf kunnen kiezen wat je doet en laat, hoe je eruitziet, wat je eet en drinkt en waaraan je geld uitgeeft, is in Nederland gemeengoed geworden. Keuzevrijheid is een uitwerking van het zelfbeschikkingsrecht, het recht op zeggenschap, dat een belangrijk uitgangspunt is in onze samenleving. Dat geldt ook voor cliënten met een beperking. Tegelijkertijd wordt de zeggenschap van elk persoon, ook die van cliënten, beperkt door een aantal zaken. Als eerste door de middelen waarover een persoon de beschikking heeft. Een cliënt kan kiezen om in een kasteel te willen wonen, of de wens uitspreken dat zijn woning een zwembad heeft. Als hij niet over voldoende geld beschikt, is deze keuze niet realiseerbaar. Een andere grens aan zeggenschap is de omgeving van een persoon, waaronder de mensen met wie hij samenwoont of werkt. Een cliënt zal bij de inrichting van de woning, de keuze voor de maaltijd, de muziek in de huiskamer enzovoort, rekening moeten houden met de mensen om hem heen. Zeggenschap wordt ook begrensd door wetgeving en normen en waarden van anderen waaronder familieleden, vrienden, begeleiders. Daarnaast wordt de zeggenschap van een persoon ook beperkt door zijn eigen mogelijkheden. Een cliënt kan aangeven dat hij graag vrachtwagenchauffeur wil worden. Deze wens is niet te realiseren als de cliënt geen rijbewijs heeft of dat niet kan halen.

De vraag of een persoon zeggenschap kan uitoefenen, hangt nauw samen met welke informatie hij heeft ontvangen over een bepaalde keuze. Als de informatie die hij heeft te moeilijk is, niet duidelijk is welke keuzemogelijkheden er zijn, heeft hij geen zeggenschap. Zeggenschap en informatie hangen nauw met elkaar samen. De Wgbo vereist dat informatie in een begrijpelijke taal aan mensen moet worden uitgelegd, aangepast aan hun bevattingsvermogen (zie ook hoofdstuk 3). Dat laatste punt speelt vaak een rol bij de zeggenschap van mensen met een verstandelijke beperking. Het is dan ook van groot belang dat een cliënt goede ondersteuning krijgt bij het nemen van besluiten.

Cliënten die voor een keuze staan, bijvoorbeeld een verhuizing of een nieuwe werkplek, moeten allereerst voldoende worden geïnformeerd over de gevolgen van de keuze op allerlei gebied: eventuele gezondheidsrisico's, kosten, de mening van anderen over de keuze, de eventuele onomkeerbaarheid van een keuze enzovoort. Als de cliënt die informatie zelf niet overziet of kan bedenken, heb je als begeleider de verantwoordelijkheid de cliënt daarover te informeren. Vervolgens heeft de cliënt recht op ondersteuning bij de afweging van de verschillende voor- en nadelen van de betreffende keuze. Het gaat er in deze fase om dat de cliënt zoveel mogelijk zelf de afwegingen maakt. De begeleider heeft als taak om te helpen bij het op een rij zetten van de voor- en nadelen. De begeleider kan de cliënt ondersteunen door de keuze te plaatsen in het licht van de waarden en normen van de cliënt. Hij moet voorkomen dat hij zijn eigen normen en waarden opdringt. Tot slot is het de taak van de begeleider om de uiteindelijke keuze van de cliënt te respecteren, wat de uitkomst van het besluitvormingsproces ook is. De uitkomst mag echter geen schade veroorzaken aan anderen. Ook moet de begeleider goed kunnen overzien of de cliënt ook daadwerkelijk in staat is om een keuze te maken. Dit laatste is vooral van belang als het gaat om beslissingen die voor de cliënt grote gevolgen hebben.

Met behulp van de 9 stappen in bijgaand schema kan de cliënt een weloverwogen beslissing nemen. De begeleider kan de cliënt bij iedere stap ondersteunen.
Lang niet alle cliënten zijn in staat zelf beslissingen te nemen over belangrijke zaken in hun leven. Toch is het belangrijk om bij iedere cliënt te kijken wat zijn mogelijkheden zijn en iedere cliënt maximaal de ruimte te geven om invloed uit te oefenen op zijn eigen leven. Juist bij kleine beslissingen kunnen veel cliënten wel een richting aangeven. Het uitgangspunt voor begeleiders moet dan ook altijd zijn: de cliënt maximaal betrekken bij de beslissing.

Als een cliënt toch niet in staat is om een goede keuze voor zichzelf te maken, kunnen anderen, waaronder de begeleider of de ouder/verwant, de keuze van de cliënt overnemen. Het uitgangspunt is echter dat een cliënt, voorzien van voldoende en begrijpelijke informatie, eerst zelf de mogelijkheid moet krijgen om een keuze te kunnen maken. Hij moet daarbij voldoende begeleiding ontvangen. Dat betekent dat de begeleider de cliënt ondersteunt in het stap voor stap doorlopen van het besluitvormingsproces. Pas als blijkt dat de cliënt de beslissing onvoldoende overziet, kan de begeleider vaststellen dat de cliënt in deze situatie wilsonbekwaam is en de keuze van hem overnemen. Afhankelijk van de mate van ingrijpendheid van een beslissing overlegt de begeleider met het team, de gedragskundige en de arts, om een oordeel te geven over de mate van wilsonbekwaamheid in die situatie. De keuze die uiteindelijk wordt gemaakt, wordt zoveel mogelijk gemaakt vanuit het perspectief van de cliënt. De begeleider betrekt de (wettelijk) vertegenwoordiger van de cliënt bij het maken van een keuze. Op grond van de wet moet de vertegenwoordiger een beslissing nemen die aansluit bij de wensen van de cliënt. Als er geen vertegenwoordiger is, of deze niet in het belang van de cliënt een beslissing neemt, mag de begeleider in overleg met zijn team de beslissing namens de cliënt nemen.

Het recht op zeggenschap heeft ook zijn grenzen. Als een keuze van een cliënt rechtstreeks een gevaar vormt voor de persoon zelf of voor anderen, heb je als begeleider het recht om de zeggenschap van de cliënt te beperken. Het maken van deze afweging is niet eenvoudig. Soms is het mogelijk om op grond van je goed begeleiderschap van tevoren in te grijpen, op andere momenten moet de cliënt ook de mogelijkheid hebben om te leren van zijn fouten. Het hebben van schulden vormt geen rechtstreeks gevaar voor de cliënt of voor anderen. Dat betekent dat je, als de cliënt steeds meer geld wil lenen, waarbij jij weet dat hij dat nooit kan terugbetalen van zijn uitkering, je op basis van de wetgeving niet direct mag ingrijpen.

4.1.1 HET RECHT OP ZEGGENSCHAP

Volgens de wet is iedereen wilsbekwaam totdat het tegendeel bewezen is. Iedereen, waaronder ook mensen met een beperking, mag zelf zijn eigen keuzes maken. Het recht op zeggenschap, in juridische termen ook wel genoemd het zelfbeschikkingsrecht, mag een cliënt niet zonder geldige reden worden ontnomen.
Er zijn wel grenzen gesteld aan het recht op zeggenschap:

- De keuze moet legaal zijn: niemand mag stelen of harddrugs in zijn bezit hebben.
- De keuze mag anderen niet schaden of in gevaar brengen.
- Als de cliënt niet in staat is om een keuze te maken, moet een ander, namens de cliënt, zijn belangen behartigen.

De begeleider mag alleen ingrijpen, en daarmee het recht op zeggenschap van een cliënt beperken, vanuit zijn plicht tot goed begeleiderschap en nadat hij de zorgvuldige inschatting heeft gemaakt dat de cliënt wilsonbekwaam voor die ene beslissing is. Op deze regel geldt een belangrijke uitzondering: als een wilsbekwame cliënt een gevaar voor zichzelf of anderen vormt, mag zijn recht op zeggenschap op grond van de Wet Bopz ook worden beperkt. En in de Wgbo is vastgelegd dat de mening van de cliënt, mits hij wilsonbekwaam ter zake is, terzijde kan worden gelegd als er sprake is van ernstig nadeel voor de cliënt zelf en als de vertegenwoordiger heeft ingestemd met de maatregel.

Het gegeven dat een cliënt een bepaalde keuze niet kan overzien, zegt nog niets over het maken van een volgende keuze. Iedere keer opnieuw moet de begeleider de inschatting maken of de cliënt wilsbekwaam is of niet. De juridische status van de cliënt, als de cliënt een curator, mentor of bewindvoerder heeft, is daarop niet van invloed.

4.2 Voorbeelden uit de praktijk

Aan de hand van een aantal praktijksituaties kijken we naar het recht op zeggenschap in de praktijk. Bij ieder voorbeeld benoemen we de wettelijke kaders en geven we een richting aan waarbinnen gehandeld kan worden.

1 Recht op ondersteuning

Een cliënt heeft zonder overleg met zijn begeleider een tatoeage laten zetten. Je komt erachter als jij hem helpt bij het douchen. Je reageert geschokt en vraagt waarom de cliënt dit niet overlegd heeft. De cliënt geeft aan dat hij zeker weet dat het dan niet gemogen had. In het gesprek dat daarop volgt vertelt de cliënt dat hij het heel spannend vindt. Hij heeft het gedaan omdat iemand op het werk ook een tatoeage heeft. Hij is bang dat iedereen nu boos zal zijn.

Om het recht op zeggenschap echt inhoud te geven, heeft de cliënt daarbij ook het recht op ondersteuning. Het enkele feit dat de begeleider zelf nooit een tatoeage zou zetten, is hierbij niet van belang. De normen en waarden van begeleiders mogen niet worden opgelegd aan cliënten. Cliënten moeten in de gelegenheid worden gesteld om hun eigen keuzes te maken, gebaseerd op eigen normen en waarden. De cliënt moet ook de vrijheid voelen om ondersteuning te vragen bij keuzes die misschien niet passen bij de normen en waarden van de begeleider. Ook bij deze keuzes heeft de cliënt het recht op goede ondersteuning. Dat betekent dat de begeleider, zonder oordeel over het onderwerp, de cliënt ondersteunt. De cliënt moet die ruimte ook ervaren omdat hij anders geen gebruik zal maken van de ondersteuning. In bovenstaand voorbeeld heeft de cliënt die ruimte niet gevoeld en heeft hij een zo op eerste gezicht niet goed overwogen keuze gemaakt, waarbij wel de voor- en nadelen zijn bedacht, maar onvoldoende zijn afgewogen.

Alleen als uit een wilsbekwame keuze van een cliënt rechtstreeks ernstig gevaar voor de persoon zelf of voor anderen voortvloeit, heb je als begeleider het recht om de zeggenschap van de cliënt te beperken. Dit geldt bijvoorbeeld als de tatoeage ernstige somatische klachten zou opleveren voor de cliënt. Bij deze keuze is daar geen sprake van.

(Deze casus hebben we ook uitgewerkt in paragraaf 2.2.2, voorbeeld 6.)

2 Ingrijpen bij gezondheidsrisico

Een cliënt is volgens de algemene normen te zwaar. Zelf vindt hij lijnen niet nodig. Hij ervaart geen problemen van zijn zwaarlijvigheid en voelt zich prima. Je zet hem toch op een dieet. Hij mag bij de warme maaltijd maar één keer een kleine portie opscheppen en hij mag geen koekjes, snoepjes of snacks meer. Om die reden is ook de kast met koek en snoep afgesloten.

Hier botst het recht op zeggenschap met het recht op goede zorg. Het recht op zeggenschap kan niet zomaar beperkt worden. Dat is alleen toegestaan als duidelijk is dat de cliënt niet in staat is tot een juiste inschatting van zijn belangen. Ook moet er sprake zijn van een duidelijk en aanwijsbaar risico voor de cliënt zelf. Het is in deze casus de vraag of de cliënt in staat is tot het inschatten van zijn eigen belangen. Kijkend naar het aantal mensen met overgewicht buiten de instellingen is dit haast onmogelijk vast te stellen. Daarom is het van belang het tweede aspect zwaar te laten wegen: in hoeverre is er sprake van aanwijsbaar gevaar of gezondheidsrisico? De criteria proportionaliteit en subsidiariteit spelen hierbij ook een rol: hoe zit het met de last die de cliënt ondervindt van het overgewicht en de gezondheidsrisico's zoals de arts die inschat? Wat zijn de voordelen van minder eten? Welke invloed gaat dat hebben op de kwaliteit van leven van deze cliënt? Is hij van nature iemand die graag veel dingen onderneemt? Een eerste verantwoordelijkheid van de begeleider is de cliënt in staat stellen tot het maken van een weloverwogen keuze. Daarvoor moet de cliënt in staat zijn de gevolgen van zijn handelen te overzien en de link kunnen leggen tussen het snoepen en het overgewicht. En daarnaast moet hij de nadelen van het overgewicht, nu en in de toekomst, mee laten wegen bij zijn beslissing al dan niet te gaan lijnen.

De verantwoordelijkheid van de begeleider ligt allereerst op het gebied van informatie geven. Als de cliënt de keuze voor afvallen gemaakt heeft, is het vervolgens de verantwoordelijkheid van de begeleider deze actie te stimuleren.

Alle acties van de begeleider moeten gericht zijn op het ondersteunen van de cliënt in de beslissing en de volharding daarin. Zo kan de begeleider de cliënt helpen een passend dieet te vinden en de cliënt te wijzen op de speciale dieetsystemen die zijn ontwikkeld voor mensen met een verstandelijke beperking. Ingrijpen, in de vorm van het opleggen van een dieet, is alleen toegestaan als de cliënt wilsonbekwaam ter zake is en er sprake is van ernstige gezondheidsrisico's. De inschatting of hier sprake van is, kan dan ook alleen maar gedaan worden door een arts in samenspraak met de gedragskundige, zijn team, de cliënt en/of de vertegenwoordiger. Heel praktisch is ook nog het gegeven dat verplicht lijnen, zonder duidelijk kader, in bijna alle gevallen leidt tot stiekem snoepen zodat de cliënt niet afvalt, maar juist aankomt. Ten slotte is de afgesloten koelkast een onevenredig grote beperking van de zeggenschap van de andere cliënten van de woning.

3 Ingrijpen ter voorkoming van gezondheidsproblemen

Een cliënt wil niet naar de tandarts. De regel in de voorziening is dat iedereen jaarlijks gecontroleerd wordt, dus ook deze cliënt. Je haalt de cliënt op een dag op, zonder voorafgaand overleg, en brengt hem naar de tandarts. De cliënt protesteert luid, maar het lukt je samen met de tandarts de controle uit te voeren. Gelukkig constateert de tandarts geen gaatjes.

Het recht op zeggenschap botst in deze casus met het recht op goede zorg. Niemand, ook een cliënt niet, kan gedwongen worden tot een jaarlijks bezoek aan de tandarts. Allereerst heeft de begeleider de taak om het belang van de jaarlijkse controle uit te leggen aan de cliënt en hem te ondersteunen in zijn eigen keuze hierin. Daarbij moet ook aandacht worden besteed aan de angst van de cliënt voor de tandarts. Wat is de reden daarvan? Heeft het te maken met te weinig informatie over de tandarts? Een voorval in het verleden? Ook moet gezocht worden naar alternatieven. Wellicht vindt de cliënt het wel fijn als de tandarts aan huis komt. De taak van de begeleider kan er ook uit bestaan om de cliënt over zijn angst voor de tandarts heen te helpen.
Pas als sprake is van een echt gezondheidsrisico dat ernstig nadeel oplevert voor de cliënt, mag de begeleider de keuzevrijheid van de cliënt beperken. Een belangrijke voorwaarde is wel dat de cliënt wilsonbekwaam is in deze situatie. De vraag is dan nog wel of de schade relatief groot en onomkeerbaar is. Alleen als sprake is van ernstig nadeel voor de cliënt zelf, mag de tandarts de controle onder dwang uitoefenen. Een gaatje in een kies zal niet direct aan deze eis voldoen. Een ontsteking of een rotte kies wel. Op basis van het recht op goede zorg kun je wel stellen dat de beperking van de keuzevrijheid door de jaarlijkse (verplichte) controle in goede verhouding staat tot het voorkomen van grotere gezondheidsklachten (proportionaliteit).

4 Ingrijpen bij een 'domme' keuze

De cliënt wil graag een cd van Jannes kopen. Zijn geld voor deze maand is bijna op en je weet dat zijn moeder aan het eind van de maand jarig is. Als zijn persoonlijk begeleider vind je dat hij voor haar een cadeautje moet kopen en je verbiedt hem de cd te kopen.

In dit voorbeeld heb je als begeleider de verantwoordelijkheid om de cliënt te ondersteunen bij het nemen van een weloverwogen beslissing. De gevolgen zijn niet zodanig groot en gevaarlijk dat de begeleider het recht heeft in te grijpen en de keuzevrijheid van de cliënt te beperken. Als de cliënt overziet dat hij door de aanschaf van de cd geen verjaardagscadeau voor zijn moeder kan kopen en wat de gevolgen daarvan zijn, is de cliënt in dit specifieke geval in staat tot een weloverwogen keuze en dus wilsbekwaam ter zake. Hij zal dan zelf de gevolgen van de keuze moeten dragen. In de praktijk kunnen de gevolgen wel zwaarder wegen dan de cliënt had ingeschat. De cliënt kan leren van deze ervaring en in een volgende situatie een andere keuze maken. Het kan ook zijn dat de cliënt merkt dat het hem niet lukt om geld over te houden voor het cadeautje en dat de verleiding van de cd te groot is. De cliënt kan naar aanleiding van deze ervaring de keuze maken om de begeleider de bevoegdheid te geven hem te verbieden geld uit te geven. De cliënt geeft aan dat hij een beperking in zijn keuzevrijheid nodig heeft en vraagt de begeleider die beperking op te leggen. Als de cliënt die keuze heeft gemaakt, fungeert de begeleider als het ware als het geweten van de cliënt. De cliënt kan altijd op deze beslissing terugkomen en zijn zeggenschap in deze alsnog opeisen.

5 Ingrijpen bij gevaar voor anderen

In het weekend mag een cliënt niet meer dan één glas alcohol. Deze strenge regel is nodig omdat hij graag alcohol drinkt, maar zo slecht tegen alcohol kan dat het bij het tweede glaasje al misgaat. Het is in het verleden te vaak misgegaan en deze regel is duidelijk voor iedereen.

Het recht op zeggenschap kan alleen worden ingeperkt als er een duidelijk en aanwijsbaar gevaar voor de cliënt zelf of voor anderen aan de orde is. De vraag of de beperking van de keuzevrijheid terecht is, hangt af van de vraag wat er misgaat als de cliënt te veel drinkt. Als hij alleen wat luidruchtig wordt en lastig, is het de vraag of je dit mag verstaan onder gevaar voor anderen (proportionaliteit). Natuurlijk is ook van invloed of anderen zijn gedrag als bedreigend ervaren. Als de cliënt anderen gaat bedreigen en slaan, is de keuzevrijheid van de cliënt een probleem. Voordat de keuzevrijheid van de cliënt beperkt wordt, heeft de begeleider de taak de cliënt te ondersteunen in het zelf maken van de keuze om minder te gaan drinken. Als de cliënt inziet dat hij en anderen last hebben van zijn te veel drinken, kan het zijn eigen keuze worden niet meer dan één glas te drinken. Als de cliënt dit inzicht niet heeft of het lukt hem niet zich aan de afspraak te houden, dan is het beperken van de keuzevrijheid van de cliënt te verdedigen.

6 Eigen keuze en leven in een groep

De regel van maximaal één glas alcohol op een avond geldt voor de hele groep. Begeleiders vinden het onacceptabel en niet uit te leggen dat de een wel veel meer mag en de ander niet. Om ongelijkheid te voorkomen, geldt de regel voor alle cliënten.

Leven in een groep levert beperkingen op. Je dient rekening te houden met elkaar. Voor mensen met een verstandelijke beperking is er zelden sprake van een keuze voor het wonen in een groep, waardoor het de verantwoordelijkheid van begeleiders is om te zorgen dat de beperkingen zo minimaal mogelijk zijn. De beperking voor een van de cliënten hoeft niet vanuit een misplaatst rechtvaardigheidsgevoel de beperking voor alle cliënten te zijn. Dit is op veel woonvormen wel vaak het uitgangspunt. Natuurlijk is het niet leuk voor de cliënt die niet meer dan één glas alcohol mag drinken om te zien dat anderen wel meer nemen. Tegelijkertijd is het duidelijk dat de afspraak al-

leen voor die cliënt van belang is en voor de andere cliënten een nodeloze beperking van de keuzevrijheid is (proportionaliteit).
Goede informatie hierover aan de betreffende cliënt is dan ook heel belangrijk. Als die cliënt begrijpt dat het een voor hem noodzakelijke regel is, zal hij dat mogelijk niet als onrechtvaardig ervaren en kan hij misschien accepteren dat anderen meer krijgen. Als dat niet het geval is en de cliënt iedere keer weer kwaad wordt als hij geen tweede glas krijgt, kan dit leiden tot de noodzakelijke regel dat niemand in de huiskamer meer dan één glas alcohol kan drinken. Dat is een ernstige beperking van de keuzevrijheid als gevolg van het leven in een groep. Het is dan ook zaak om eerst te kijken of er alternatieven denkbaar zijn.

7 *Een onhaalbare keuze*

Een cliënt wil zijn rijbewijs halen en een auto kopen. Het team weet zeker dat dit te hoog gegrepen is voor de cliënt, hij kan niet lezen, begrijpt niets van verkeersborden en mist alle inzicht in het verkeer. Je hebt geprobeerd het hem uit te leggen, maar hij blijft ervan overtuigd dat het geen probleem is.

Hier botst het recht op zeggenschap met de inschatting van de mogelijkheden van de cliënt. Het recht op zeggenschap betekent niet dat het onmogelijke daarmee gerealiseerd moet worden. De vraag is alleen of de begeleider degene moet zijn die voor de cliënt deze grens stelt. De vraag is ook of een begeleider daar deskundig genoeg en gekwalificeerd voor is. Wie zegt dat de cliënt, met wat extra hulp en wat aanpassingen, niet kan leren autorijden? De enige die op dit gebied een zekere bevoegdheid en bijbehorend gezag heeft, is een rijinstructeur of een rijexaminator. Het is het recht van de cliënt om het maximale te proberen om iets wat onhaalbaar lijkt, te bereiken. De taak van de begeleider is de cliënt te ondersteunen in deze keuze door hem te informeren over de mogelijkheden en natuurlijk de cliënt te helpen bij het maken van een reële inschatting over zijn kansen, maar de cliënt mag proberen zo ver mogelijk te komen om zijn wens te realiseren en heeft daarbij recht op ondersteuning. Een taak van de begeleider is mogelijk ook om de vertegenwoordiger, die het totaal niet ziet zitten dat zijn zoon auto gaat rijden, te overtuigen van deze handelwijze. Ook de vertegenwoordiger moet inzien dat de cliënt zelf mag ervaren wat zijn mogelijkheden zijn.

8 *Strijdige keuzes; rekening houden met de buren*

Een cliënt is helemaal weg van carnavalsmuziek. Niet alleen in carnavalstijd, maar het hele jaar door heeft hij op zijn kamer de carnavalskrakers hard aanstaan. Zo hard dat iedereen in huis kan meegenieten. Zijn buurman is het zat. Hij vraagt de leiding de cliënt te verbieden op zijn kamer carnavalsmuziek te draaien. De begeleiders zijn blij met de aanleiding vanuit de medecliënt om het probleem aan te pakken. Ook zij zijn de carnavalsmuziek goed zat.

Hier botst het recht op zeggenschap van de ene cliënt met het recht op zeggenschap van de ander. Ook dat is een grens van het recht op zeggenschap. De keuze van de ene cliënt, naar harde carnavalsmuziek luisteren, botst met de keuze van de andere cliënten om die muziek niet te willen horen. Dat betekent dat er gezocht zal moeten worden naar een compromis waarin beiden zoveel mogelijk een eigen keuze hebben en tegelijk de keuze van de ander zo min mogelijk beperken. Het de cliënt verbieden naar carnavalsmuziek te luisteren zodat anderen geen last meer van hem hebben, is net zo onterecht als niets doen zodat de buurman en anderen de hinder houden.
In het voorbeeld doet de buurman een beroep op de begeleider om de muziek te verbieden. Maar de vraag is of een begeleider die rol kan, mag en moet willen spelen. De begeleider is niet de baas in huis, zijn taak is beide cliënten te helpen om dit probleem op te lossen. De oplossing moet voor beide cliënten recht doen aan de maximale keuzevrijheid binnen de omstandigheden. Een compromis kan gezocht worden in een koptelefoon om de muziek in alle rust te beluisteren, of de muziek minder te hard zetten, of alleen op bepaalde tijden carnavalsmuziek opzetten. Ook kan gedacht worden aan extra geluidsisolatie. Al deze mogelijkheden moeten wel in nauw overleg met de cliënt worden besproken.

9 Niet kunnen kiezen?

Voor een cliënt moet een keuze gemaakt worden voor dagbesteding. In verschillende gesprekken geeft de cliënt iedere keer aan iets anders te willen. Je stelt daarop vast dat de cliënt niet in staat is een keuze te maken voor een bepaalde vorm van dagbesteding. In overleg met de vertegenwoordigers van de cliënt en de gedragskundigen wordt beslist dat de cliënt geschikt is voor de houtbewerkingsafdeling. Je informeert de cliënt over deze beslissing.

Van zeggenschap is pas sprake als de cliënt in staat is tot het maken van een keuze.
Als de cliënt niet in staat is tot het maken van een keuze, is het op basis van het recht op goede zorg terecht als de keuze van hem wordt overgenomen. De vraag is echter of de cliënt met andere ondersteuning niet alsnog in staat is de keuze te maken. Ter ondersteuning kunnen hulpmiddelen worden ingezet om de cliënt te helpen een keuze te maken. De begeleider kan gebruik maken van boeken of video's over het onderwerp of op een flip-over de voor- en nadelen van de verschillende mogelijkheden op een rij zetten. Maar ook door de cliënt in de praktijk de verschillende vormen van dagbesteding te laten ervaren, help je hem om een keuze te maken. Ook als de cliënt niet in staat is zijn keuze te verwoorden, kun je hem tijdens deze ervaringen goed observeren en kan de begeleider de keuze van de cliënt als het ware aflezen aan de cliënt. Dus ook als de cliënt niet in staat is zijn keuze te verwoorden, kan die cliënt mogelijk wel keuzes

maken en is het de taak van de begeleider hiernaar te luisteren in de breedste zin van het woord.

10 Normen en waarden van wie?

Op de groep geldt de regel dat iedereen met mes en vork eet. Deze regel geldt ook bij de broodmaaltijd. Een aantal cliënten heeft dat niet van huis meegekregen en eet de boterham liever uit het vuistje. Het betekent regelmatig strijd aan tafel, maar begeleiders hebben besloten vast te houden aan deze tafelmanieren.

Op basis van het recht op zeggenschap mag iedereen zelf weten of hij al dan niet met mes en vork eet. Deze keuze is gebaseerd op het eigen normen- en waardenstelsel. Voor de een is het heel logisch om brood met je handen te eten, voor de ander is het niet netjes om dat te doen. Het is voor cliënten van belang om zo dicht mogelijk bij hun eigen normen- en waardenstelsel te komen, wat in veel gevallen weer gebaseerd is op het normen- en waardenstelsel van het ouderlijk huis. Weten hoe het hoort hoeft ook niet hetzelfde te zijn als altijd te doen zoals het hoort.
De regel kan ook op verzoek van de ouders zijn ingesteld. Maar ook dan geldt dat het belangrijk is zo dicht mogelijk bij de eigen keuze en de eigen normen van de cliënt te komen en blijven. De cliënt kan ervoor kiezen de normen en waarden die hij van thuis heeft meegekregen opzij te zetten. Aan de ouders van de cliënt zal dan uitgelegd moeten worden dat de cliënt zelf een andere keuze heeft gemaakt.
Bij het wonen in een groep komt daar nog bij dat je met de groep op zoek moet gaan naar gedeelde normen en waarden. De gezamenlijke afspraak zou dan kunnen zijn dat er bij gezamenlijke maaltijden wel met mes en vork gegeten wordt.
Het is belangrijk dat cliënten weten wat 'in het algemeen' de normen en waarden op dit gebied zijn. Een cliënt moet zich ervan bewust zijn dat er bijvoorbeeld in een chic restaurant raar gekeken wordt als je niet met mes en vork eet. Je kunt de cliënt helpen bij de afweging wel of niet met mes en vork te leren eten zodat hij het wel kan als hij dat nodig heeft. Juist in het kader van integratie is het van belang dat cliënten weten 'hoe het hoort'. De cliënt moet bij zijn afweging zich bewust zijn van de voor- en nadelen van met mes en vork eten. Als je dat niet kunt, kun je dus ook niet in een chic restaurant gaan eten.

11 Het recht op klagen

Een cliënt is boos op de manager. Hij voelt zich oneerlijk behandeld. Van een andere cliënt hoort hij dat hij een klacht kan indienen. Hij vraagt jou hoe dat moet, maar je schat in dat de boosheid snel zal overwaaien en brengt het gesprek op een ander onderwerp.

Iedereen heeft een recht tot klagen en het recht om geïnformeerd te worden over de klachtenregeling. Dit is vastgelegd in de Wet klachtrecht cliënten zorgsector (Wkcz). Het is niet aan de begeleider om de klacht te beoordelen. Alleen de klachtencommissie kan bepalen of een klacht gegrond is en kan een uitspraak doen over de klacht. Als zijn begeleider zou je hem moeten ondersteunen door hem te informeren over de mogelijkheden om een klacht in te dienen. Daarnaast kun je hem helpen bij het indienen van een klacht. De cliënt bepaalt wat zijn klacht precies is en wat hij met zijn klacht wil doen. De begeleider oordeelt niet over de klacht of over de keuzes die de cliënt maakt over wat hij wil bereiken met zijn klacht. In veel zorginstellingen is tegenwoordig een cliëntvertrouwenspersoon aanwezig die de cliënt kan informeren en ondersteunen bij het bespreken van klachten en het indienen van een klacht bij de klachtencommissie.

12 Eén koekje bij de koffie

Op de groep staat een koektrommel. 's Avonds bij de koffie mag iedereen één koekje. Als een cliënt een tweede koekje neemt, krijgt hij te horen dat dit niet mag. De trommel wordt vervolgens in de kast gezet en de deur wordt afgesloten. 'Te veel koek is ongezond, je wordt er te dik van en het wordt veel te duur als er veel meer koek gegeten wordt.'

Het recht op zeggenschap wordt in dit voorbeeld beperkt door de begeleider. Hij gebruikt daarbij een aantal argumenten. Het argument dat te veel koek eten ongezond is, raakt aan het recht op goede zorg. Toch is het een zwak argument. Het eten van een aantal koekjes bij de koffie is niet dermate ongezond dat dat ingrijpen van begeleiders op basis van goed begeleiderschap rechtvaardigt. Het recht op zeggenschap zou op basis van dit argument zwaarder moeten wegen. Het argument dat mensen er te dik van worden, raakt ook aan het recht op goede zorg. Het zou kunnen kloppen dat de cliënten dik worden, maar dat geeft anderen niet vanzelf het recht om de cliënt te verbieden koek te eten. Ook hierbij geldt dat de gezondheidsrisico's niet zodanig groot zijn dat ingrijpen te rechtvaardigen is.
Dat te veel koekjes eten te duur wordt, zou kunnen kloppen. In dit argument wordt het recht op zeggenschap beperkt door de mogelijkheden van de organisatie. Het budget is ten slotte niet eindeloos. De groep zou met elkaar de keuze kunnen maken hoeveel geld van het voedingsbudget aan koek besteed kan worden. De cliënt moet ook de keuze krijgen om zelf koek te kopen als er op de groep niet voldoende geld is voor een tweede koekje bij de koffie. Dit kan natuurlijk wel weer een nieuw probleem veroorzaken: de cliënt die op de groep zijn eigen koekjes eet zonder te delen met anderen. Dit punt zou in de groepsvergadering aan de orde kunnen komen en de groep zou kunnen besluiten dat ze geen eigen koek en snoep eten in het bijzijn van anderen zonder te delen. Een andere oplossing is dat cliënten zoveel koek mogen eten als ze op kunnen. Als de trommel echter leeg is, wordt deze pas weer op gezette tijden bijgevuld, bijvoorbeeld een keer in de week.

13 Onrustmedicatie: Wat niet weet wat niet deert

De cliënt is erg onrustig en op voorschrift van de arts mag hij medicatie. Maar juist als hij zo onrustig is wil hij niets van je aannemen. De vorige keer heeft hij in zijn kamer de gordijnen van de muur getrokken nadat hij weigerde het pilletje in te nemen. Om te voorkomen dat het weer misgaat heb je het pilletje in de cola opgelost en dat glas staat op tafel. Gelukkig pakt hij nietsvermoedend het glas en drinkt het leeg.

In deze casus wordt het recht op zeggenschap omzeild door de medicatie in de cola te stoppen zonder dat de cliënt hiervan op de hoogte is. De keuze wordt gemaakt in het kader van het recht op goede zorg. Het komt regelmatig voor dat cliënten hun medicatie niet willen innemen. Zij kunnen daar verschillende redenen voor hebben: slikproblemen, angst voor medicatie en de gevolgen ervan, het niet goed kunnen vinden met de begeleider, ontevreden zijn over de zorg enzovoort of, zoals in dit voorbeeld, de onrust van de cliënt.
Afhankelijk van de reden van de weigering heeft de begeleider wel de plicht om te zoeken naar manieren om de cliënt zoveel mogelijk tegemoet te komen. Goede informatie aan de cliënt kan hierin al veel verschil maken.
Het is zaak dat je kritisch naar je eigen handelen blijft kijken en de cliënt zoveel mogelijk zijn zeggenschap laat behouden. Iedere cliënt heeft in beginsel het recht om de door de arts als noodzakelijk geachte medicatie te weigeren. Maar naast het recht op zeggenschap speelt de plicht van het goed begeleiderschap. Je moet als begeleider de afweging maken of de cliënt wilsbekwaam is in deze, wat haast een onmogelijke afweging is. Het ongewild toedienen van medicijnen is een vorm van vrijheidsbeperking, ook al vertoont de cliënt geen verzet.
In de praktijk levert de invulling van verzet echter diverse problemen op. Denkbaar is dat een cliënt niet in staat is om zich verbaal te verzetten of dat hij geen zin meer heeft om zich te verzetten tegen een maatregel omdat zijn begeleider toch nooit naar hem luistert. Ook komt het voor dat verzet van een cliënt niet serieus wordt genomen. In deze casus kan de cliënt zich niet verzetten omdat hij niet weet dat hij medicatie krijgt toegediend. Mede daarom ben je als begeleider verplicht om deze vorm van toediening ook in het ondersteuningsplan te vermelden.
De afweging in het voorbeeld lijkt gerechtvaardigd. Wel is het noodzakelijk om de gekozen handelswijze op te nemen in het ondersteuningsplan en te bespreken in het team, juist omdat het verzet van een cliënt wordt omzeild en daarmee ook de zeggenschap van de cliënt. In overleg met je team kun je kijken naar alternatieven en de afweging maken of deze werkwijze ook in de toekomst te rechtvaardigen is. Wat zijn de risico's als de cliënt zijn medicatie niet inneemt? Welke andere methoden zijn denkbaar?
(Deze casus bespreken we ook in paragraaf 3.2, voorbeeld 6.)

14 Het recht om niet te hoeven kiezen
Een cliënt is heel onzeker en vindt het zeer moeilijk om keuzes te maken. Iedere keuze die je hem voorlegt, geeft hij direct weer terug.

De eerste keuze die je een cliënt zou moeten voorleggen is de keuze of hij wel wil kiezen. Tegelijkertijd is het maken van eigen keuzes, mits een cliënt zich daartoe in staat acht, van grote invloed op zijn kwaliteit van leven. Belangrijk is daarom te kijken naar de oorzaak voor het niet willen kiezen. Als de oorzaak zit in onzekerheid, niet durven kiezen, is het goed de cliënt te ondersteunen in het leerproces van kiezen. Door te beginnen met het aanbieden van kleine keuzes met kleine gevolgen, kan de cliënt mogelijk ervaren dat kiezen, als je het kunt, wel leuk is.
Het kan ook zijn dat het niet durven kiezen gebaseerd is op eerdere ervaringen waarbij de keuzes van de cliënt niet zijn gerespecteerd. Het is dan van belang de cliënt te ondersteunen bij het maken van keuzes en de cliënt te laten ervaren dat zijn keuzes gerespecteerd worden.

15 Het recht om steeds hetzelfde te kiezen
Een cliënt gaat al jaren ieder jaar met dezelfde groep naar dezelfde bestemming op vakantie. Als begeleider wil je hem eens wat anders laten ervaren en dus zeg je dat hij dit jaar iets anders moet kiezen.

De cliënt heeft het recht om zelf te kiezen wat hij in zijn vakantie wil doen. De grenzen van deze keuze worden bepaald door de mogelijkheden en het geld. Het is niet aan de begeleider de keuze van de cliënt voor een vakantiebestemming te beoordelen. De begeleider heeft niet het recht de cliënt te verbieden dezelfde keuze te maken. Wel heb je als begeleider, vanuit je plicht tot goed begeleiderschap, de verantwoordelijkheid in de begeleiding van de cliënt aandacht te hebben voor zijn ontplooiingskansen. Daarom heb je als begeleider de plicht de cliënt te stimuleren tot het opdoen van nieuwe ervaringen. Je kunt de cliënt proberen enthousiast te maken voor alternatieven en hem informeren over de voordelen van het opdoen van nieuwe ervaringen. Je zult in je informatie ook aandacht moeten besteden aan de nadelen. Nieuwe ervaringen kunnen eng zijn en tegenvallen. Je kunt als begeleider de cliënt maximaal stimuleren, de cliënt houdt het recht op zeggenschap over zijn vakantiebestemming.

4.3 Richtlijnen voor de praktijk

De wetgeving geeft geen glashelder beeld van het recht op zeggenschap van cliënten. De wetgeving geeft wel een richting aan. Er zijn over het informeren van cliënten diverse richtlijnen verschenen (zie onder andere Witmer & De Roode, 2004). Deze richtlijnen geven echter geen pasklaar antwoord op elke vraag. Dat betekent dat je in de praktijk met je team die richting verder uit zult moeten werken zodat zowel voor de cliënten als voor de begeleiders hierover meer duidelijkheid ontstaat. Ook omdat het in de praktijk vaak gaat om dilemma's waar geen eenduidig antwoord op te geven is.

Om de optimale zeggenschap van de cliënt zoveel mogelijk te garanderen, is een aantal afspraken nodig naast de bestaande wettelijke regels. Hieronder geven we in de vorm van een aantal richtlijnen een opsomming van de te regelen zaken. De inhoud ervan is gebaseerd op wetgeving en op algemene normen over onder andere bejegening en empowerment van cliënten. De richtlijnen leiden tot een omschrijving van de rechten van cliënten op het gebied van zeggenschap van de betreffende instelling.

Als uitgangspunt geldt dat je als begeleider het recht op zeggenschap van een cliënt respecteert. Een begeleider die deze houding aanneemt, levert een bijdrage aan de ontplooiing van een cliënt. Een begeleider mag alleen inbreuk maken op het recht van zeggenschap als dat bijdraagt aan de noodzakelijke bescherming van de gezondheid van de cliënt, of vanuit een breder perspectief 'het voorkomen van ernstig nadeel voor de cliënt zelf' of de bescherming van de rechten en vrijheden van anderen. De afspraken en gevolgen van deze inbreuk moeten altijd worden vastgelegd in het ondersteuningsplan en worden besproken met diverse personen, waaronder het team, de cliënt en/of de vertegenwoordiger.

1 Het recht op zeggenschap van de cliënt is uitgangspunt van de zorg- en dienstverlening.

2 Een voorwaarde voor zeggenschap is het krijgen van de ondersteuning die een cliënt nodig heeft voor het maken van een weloverwogen beslissing.

3 Het beperken van het recht op zeggenschap moet altijd in het licht staan van het recht op ontplooiing, ofwel het perspectief van de cliënt.

4 Elke beperking van het recht op zeggenschap moet voldoen aan de criteria van subsidiariteit, proportionaliteit en doelmatigheid.

5 De verantwoordelijkheid van de begeleider ligt allereerst bij de ondersteuning van het besluitvormingsproces en het leerproces van de cliënt.

6 Alleen bij keuzes waarbij de gevolgen ingrijpend en onomkeerbaar zijn, kan de begeleider de keuzevrijheid van de cliënt beper-

ken. Dit gebeurt alleen na overleg met de cliënt en/of de vertegenwoordiger en het team waartoe, afhankelijk van de aard en de ingrijpendheid van de beslissing, ook de arts en de gedragskundige behoren. Een voorwaarde is wel dat de cliënt wilsonbekwaam ter zake is.

7 Bij de afweging om het recht op zeggenschap van een cliënt te beperken, worden in gezamenlijk overleg met de cliënt en/of diens vertegenwoordiger de risico's afgewogen.

8 De cliënt wordt geïnformeerd over het feit dat zijn zeggenschap wordt beperkt en dat er voor hem keuzes worden gemaakt. Daarbij wordt ook de reden van de beperking toegelicht.

9 De keuzes die voor de cliënt worden gemaakt, worden zoveel mogelijk gemaakt in het verlengde van de keuzes van de cliënt zelf, passend bij zijn waarden en normen.

10 De beperking van de zeggenschap van de cliënt is zo klein als mogelijk, en zoveel mogelijk tijdelijk van aard. Begeleiders spannen zich maximaal in om de keuzevrijheid van de cliënt te respecteren en te bevorderen.

11 De cliënt krijgt de kans om te kunnen leren van zijn eigen fouten en de gevolgen daarvan. Voorwaarde daarvoor is dat de risico's binnen een bepaalde bandbreedte blijven en in kaart zijn gebracht.

12 De cliënt wordt niet gestraft voor een foute (of vreemde) keuze, maar moet wel zelf de consequenties van zijn keuze dragen.

13 Gronden voor een beperking van zeggenschap kunnen zijn:
- gevaar of schade (ernstig nadeel) voor de cliënt zelf;
- gevaar of schade voor anderen;
- zwaarwegende onomkeerbare nadelige gevolgen voor de cliënt;
- de keuzevrijheid van anderen.

14 De aanwezigheid van een wettelijk vertegenwoordiger (curator, mentor of bewindvoerder) betekent niet dat de cliënt geen recht op zeggenschap heeft: de vertegenwoordiger heeft een aanvullende functie. Daar waar de cliënt niet in staat is om zijn belangen te behartigen, treedt de vertegenwoordiger namens hem op.

5 Vrijheid

5.1 Inleiding

Een cliënt loopt al een kwartier lang rondjes in de woonkamer. Af en toe gilt hij heel hard. Andere cliënten beginnen zich aan hem te ergeren. Ze kunnen niet meer rustig tv-kijken. Wat doe je als begeleider? Laat je de cliënt in de woonkamer zijn gang gaan? Het is immers ook zijn woonkamer. Of besluit je in te grijpen? Een mogelijkheid is om de cliënt naar zijn kamer te sturen. Hij is 'lastig' en roept irritatie op bij de andere cliënten. Maar op dat moment beperk je de cliënt wel in zijn vrijheid en dat is een vergaand machtsmiddel.
Naast bovenstaand voorbeeld zijn er in de dagelijkse praktijk tal van andere situaties waarbij je als begeleider voor het dilemma geplaatst wordt wel of niet de vrijheid van cliënten te beperken. De cliënt die naar buiten wil, maar zelf geen verkeersinzicht heeft of in een rolstoel zit en dus anderen nodig heeft om buiten te komen. De cliënt die, zonder dat te weten, zware kalmerende medicijnen toegediend krijgt.
In de dagelijkse zorg voor mensen met een verstandelijke beperking worden cliënten op verschillende manieren in hun vrijheid beperkt. De bouw van een voorziening, groepsgericht werken en afspraken die al jarenlang (veelal onbewust) in een woning gelden, beperken allemaal de vrijheid van cliënten. Daarnaast zit vrijheidsbeperking doorgaans in kleine dingen: het komt voor dat je als begeleider bepaalt wat een cliënt op zijn brood eet, hoeveel boterhammen hij mag eten, hoeveel sigaretten hij op een dag krijgt en hoe laat er wordt gegeten. Deze op het eerste gezicht onbelangrijke beslissingen kunnen voor een cliënt zeer ingrijpend zijn en als vrijheidsbeperkend worden ervaren.

Niet elke beperking in de vrijheid van cliënten is overigens verkeerd. Een begeleider kan goede redenen hebben om in te grijpen. Vanuit het oogpunt van goed begeleiderschap is het dan ook belangrijk dat je als begeleider kunt formuleren waarom een cliënt op bepaalde momenten in zijn vrijheid moet worden beperkt. Ook moet je aan de cliënt en/of zijn vertegenwoordiger kunnen uitleggen waarom de maatregel nodig is.
Bij het beperken van de vrijheid van een cliënt moet steeds rekening gehouden worden met de criteria *subsidiariteit, proportionaliteit* en *effectiviteit*. Dit betekent dat je als begeleider altijd moet kiezen voor de minst ingrijpende vorm van vrijheidsbeperking (subsidiariteit). Daarnaast moet het doel dat je voor ogen hebt in verhouding staan tot de beperking die je inzet (proportionaliteit). Als dus bekend is dat een

cliënt af en toe schreeuwt zonder dat hij daarbij andere cliënten lastigvalt, is het niet terecht dat hij daarvoor in de separeercel wordt geplaatst. Vervolgens moet de vrijheidsbeperking ook effectief zijn. Een maatregel mag niet langer duren dan noodzakelijk is en moet ook daadwerkelijk bijdragen aan het oplossen van het probleem dat is ontstaan (effectiviteit). Zodra een cliënt geleerd heeft te fietsen, klaar is met schelden of als blijkt dat hij zelfs met een Zweedse band om nog uit zijn stoel valt, moet de maatregel zo snel mogelijk beëindigd worden. Het kan ook betekenen dat op zoek gegaan moet worden naar alternatieven als de huidige maatregel geen effect (meer) heeft.

Vrijheid, keuzevrijheid en zeggenschap liggen heel dicht bij elkaar. Als een cliënt niet zelf mag kiezen om naar buiten te gaan, wordt hij beperkt in zijn vrijheid, hij zit opgesloten en is tevens beperkt in zijn keuzevrijheid.

5.1.1 HET RECHT OP VRIJHEID

In internationale en Nederlandse wetgeving is het uitgangspunt dat niemand in zijn vrijheid mag worden beperkt behalve voor die bijzondere gevallen die in een wet zijn geregeld. In Nederland is dit de Wet Bijzondere opnemingen in psychiatrische ziekenhuizen (Wet Bopz). Deze wet, die dateert uit 1994, is bedoeld voor de psychiatrie, de verstandelijk gehandicaptenzorg en de psychogeriatrie.
De Wet Bopz is een wet waarin afspraken over vrijheidsbeperking zijn vastgelegd. Het gaat voornamelijk om vrij ingrijpende vormen: fixatie, separatie, afzondering en onder dwang toedienen van medicatie, vocht en voeding. Daarnaast spreekt deze wet ook over huisregels en beperkingen in het recht op bewegingsvrijheid, wat bijvoorbeeld kan zijn dat een cliënt niet alleen naar zijn werk mag gaan. Met op het eerste gezicht kleine dingen, zoals in de inleiding genoemd, bemoeit de wetgever zich terecht niet. Dit neemt niet weg dat ook deze vormen van vrijheidsbeperking om zorgvuldig handelen vragen. In dit boek gaan we dan ook uit van een brede definitie van vrijheidsbeperking. Goed begeleiderschap is op alle vormen van ondersteuning van toepassing. Dit uitgangspunt geldt ook voor vrijheidsbeperkingen waarmee de cliënt instemt. Cliënten zijn immers zeer beïnvloedbaar, ze zijn afhankelijk van hun begeleider en ze vinden het moeilijk om hun mening kenbaar te maken. In dit boek spreken we niet van vrijheidsbeperking als de cliënt zelf kan en mag bepalen wanneer de vrijheidsbeperkende maatregel aanvangt en wordt beëindigd.

5.2 Voorbeelden uit de praktijk

Aan de hand van een aantal praktijksituaties kijken we naar het recht op vrijheid in de praktijk. Bij ieder voorbeeld benoemen we de wettelijke kaders en geven we een richting aan waarbinnen gehandeld kan worden.

1 Vrijheid en veiligheid gaan soms moeilijk samen

Een cliënt met een ernstige verstandelijke beperking slaapt onrustig. Als zijn persoonlijk begeleider stel je aan de vertegenwoordiger voor om een Zweedse band te gaan gebruiken. Je hebt het voorstel al besproken met de behandelend arts. De vertegenwoordiger stemt in met deze maatregel. De cliënt wordt niets gevraagd, hij kan niet praten. De volgende ochtend is in de rapportage te lezen dat de cliënt veel heeft moeten huilen. Ook maakte hij geluiden die hij normaal niet maakt.

Een Zweedse band is geen onbekende in de zorg voor mensen met een verstandelijke beperking. De begeleider in deze casus is van mening dat de toepassing ervan noodzakelijk is om onrust bij de cliënt weg te nemen en daarmee aan de cliënt veiligheid te bieden. Onduidelijk is waar deze onrust uit bestaat en of deze plotseling is ontstaan of al langere tijd aanwezig is. Om uiteindelijk tot toepassing van de Zweedse band over te gaan, is het verplicht om een dergelijke ingrijpende maatregel te bespreken met de behandelend arts en/of andere hulpverleners, zoals een gedragskundige vanwege het gedrag en een fysiotherapeut vanwege het lichamelijke aspect. Eerst moet er echter naar alternatieven worden gekeken. Op welke wijze kan de onrust ook worden weggenomen? (Een andere omgeving, een ander bed enzovoort). Vervolgens is van belang dat de afspraken over de Zweedse band met toestemming van de cliënt of als de cliënt wilsonbekwaam in deze situatie is, met toestemming van de vertegenwoordiger, worden vastgelegd in het ondersteuningsplan. Het doel daarvan is ook dat met grote regelmaat de afspraken worden geëvalueerd en worden afgebouwd dan wel aangepast. Het mag niet zo zijn: eenmaal in het ondersteuningsplan opgenomen, altijd in het ondersteuningsplan opgenomen.
In deze casus speelt het begrip *verzet* ook een belangrijke rol. Volgens de wet is alleen sprake van vrijheidsbeperking als een cliënt zich verzet tegen de maatregel. In de praktijk levert dit begrip diverse problemen op. Denkbaar is dat een cliënt niet in staat is om zich verbaal te verzetten of dat hij geen zin meer heeft om zich te verzetten tegen een maatregel omdat zijn begeleider toch nooit naar hem luistert. Ook komt het voor dat verzet van een cliënt niet serieus wordt genomen door de betrokken hulpverleners. In deze casus is het de verantwoordelijkheid van de begeleider om het gedrag van de cliënt te interpreteren en in overleg met de arts op zoek te gaan naar alternatieven. Het feit dat de vertegenwoordiger instemt met de maatregel betekent niet dat het verzet van de cliënt, bestaande uit huilen en het maken van vreemde geluiden, er niet toe doet. Als het verzet aan blijft houden en er geen alternatieven te bedenken zijn, zal in het ondersteuningsplan de term *dwangbehandeling* genoteerd moeten worden en daar vervolgens ook naar gehandeld dienen te worden. Van

belang is in dat kader wel dat de aanleiding voor het aanbrengen van een Zweedse band, de onrust, een dusdanig gevaar vormt voor de cliënt dat de maatregel gerechtvaardigd is. Vervolgens moet de maatregel ook worden gemeld aan de Inspectie voor de Gezondheidszorg. Dwangbehandeling mag overigens alleen worden toegepast in intramurale voorzieningen en als de cliënt de juiste juridische status heeft, in dit geval een Bopz-indicatie die wordt afgegeven door het Centrum Indicatiestelling Zorg (CIZ). Aangezien de cliënt moeilijk kan aangeven of hij het eens of niet eens is met een maatregel ligt een Bopz-indicatie voor de hand. Eind 2008 is door de gezamenlijke zorginstellingen de intentie uitgesproken dat een onrustband in 2011 alleen nog in uitzonderlijke gevallen mag worden gebruikt.

2 Je veilig voelen in je eigen huis

Een cliënt zit in de huiskamer en is boos. Hij scheldt op iedereen die iets doet. De sfeer in de huiskamer is daardoor om te snijden. Een aantal cliënten is al naar de eigen kamer vertrokken en een ander is bijna in tranen. Je besluit de betreffende cliënt naar zijn kamer te sturen. Je geeft hem mee dat hij terug kan komen als hij weer normaal kan doen.

Dit is een complexe situatie waarbij naast het recht op vrijheid van de cliënt die scheldt, ook het recht op veiligheid van andere cliënten in het geding is. Je zult als begeleider een afweging moeten maken tussen beide belangen. Als andere cliënten zich niet meer veilig voelen door het gedrag van een cliënt, mag je het recht van deze cliënt beperken. Dit is echter niet genoeg. Je zult ook, in overleg met het team, moeten achterhalen waarom de cliënt boos is. Dit gedrag kan mogelijk veroorzaakt zijn door een bepaalde gebeurtenis of de aanwezigheid van een andere cliënt. Van belang is dat 'preventief' wordt gehandeld: een dergelijke situatie moet een volgende keer worden voorkomen. Het beperken van de vrijheid van een cliënt is een 'ultimum remedium', een allerlaatste redmiddel. Dit betekent ook dat je als team voortdurend op zoek moet gaan naar alternatieven die voorkomen dat een dergelijke situatie zich opnieuw voor kan doen.

3 De vrijheid om te gaan fietsen

Een cliënt komt naar je toe en zegt dat hij op de fiets naar de stad wil. Voor zover jij weet kan deze cliënt helemaal niet fietsen. Je hebt geen tijd om te onderzoeken of hij dat kan en je verbiedt het.

Het recht op vrijheid van de cliënt betekent in dit voorbeeld het recht om op de fiets naar de stad te gaan. Het recht op goede zorg staat hier haaks op. Op het moment dat de cliënt deze vraag stelt, ben je verplicht om 'goede zorg' te bieden. Je wilt niet dat de betreffende cliënt een groot risico loopt als hij gaat fietsen. Als je op dat moment niet kunt achterhalen of de cliënt kan fietsen, omdat je de juiste gegevens niet kunt achterhalen, invalkracht bent of alleen op de groep staat, is deze beslissing op dat moment zorgvuldig genomen. Je hebt echter nog wel de plicht om, ook vanuit het oogpunt van goede zorg en het recht op informatie, aan de cliënt uit te leggen waarom hij niet mag fietsen. Tevens kun je hem een alternatief aanbieden. Daarnaast betekent goede zorg ook dat je, ook met het oog op de toekomst, op zoek gaat naar andere mogelijkheden. Misschien kan de cliënt wel een keer samen met een begeleider naar de stad fietsen om een boodschap te halen of om te kijken of de cliënt in het vervolg wel alleen mag fietsen. Op deze manier ga je als begeleider onderzoeken wat een cliënt wel kan en wat hij nog zou moeten en ook kunnen leren.

4 Vastgezet

Je bent alleen op de groep en de afspraak is dat je de groepsruimte niet verlaat als een cliënt die lijdt aan zware epilepsie vrij rondloopt. Alleen als hij zit, kun je weg. Omdat je echt even naar de kamer van een andere cliënt toe moet om die in bed te helpen, zet je de cliënt met epilepsie in een stoel aan tafel. Door de stoel goed aan te schuiven kan hij niet zelf opstaan. Je geeft hem wat tijdschriften zodat hij zich niet zal vervelen in de tijd dat jij weg bent.

De aangeschoven stoel maakt het voor de cliënt in dit voorbeeld onmogelijk om op te staan en is daarmee een beperking van zijn vrijheid. Het toepassen van vrijheidsbeperking in de zorg voor mensen met een verstandelijke beperking kan van tijd tot tijd noodzakelijk zijn. De beperking moet echter wel bijdragen aan de ontwikkeling van een cliënt. Ofwel, de maatregel die je oplegt moet ook passen in *het perspectief* dat je als team voor de cliënt voor ogen hebt. In het team moet duidelijk zijn welke doelen je wilt bereiken met de ondersteuning die wordt geboden aan een cliënt. Dat geldt ook voor deze cliënt met zware epilepsie. In dit geval wordt niet aan deze voorwaarde voldaan. De achterliggende reden van de vrijheidsbeperking is beheersmatig, het tekort aan personeel, en zal niet bijdragen aan zijn verdere ontwikkeling. Op het moment dat het echt niet anders kan, moet de maatregel die hierdoor wordt genomen ook onder ogen worden gezien. Het recht van een cliënt wordt om oneigenlijke redenen geschonden. Binnen een team moet helderheid worden gecreëerd over deze situatie. Hoe ervaart de cliënt de beperking? Hoe gaat het team ermee om? Voorkomen moet worden dat de maatregel een gewoonte wordt, omdat het 'niet anders kan'.

5 Cliënt vraagt om vrijheidsbeperking

Een cliënt is de afgelopen weken 's nachts vaak onrustig geweest en hij heeft die nachten met een onrustband om in bed gelegen. Het gaat gelukkig weer een stuk beter met hem. Maar bij het naar bed gaan vraagt de cliënt of je de onrustband wilt omdoen. Hij vindt het prettig zitten.

Het recht op vrijheid, het recht op veiligheid en het recht op zeggenschap spelen in deze casus een rol. Hoewel de onrustband niet meer

nodig is, geeft die de cliënt een gevoel van veiligheid. Tegelijkertijd is de maatregel zeer ingrijpend en beperkend voor zijn vrijheid. Het is dus belangrijk om op zoek te gaan, als het kan zoveel mogelijk in overleg met de cliënt, naar een betere passende manier om de cliënt zijn gevoel van veiligheid te geven. In plaats van een onrustband kan ook worden gekozen voor bijvoorbeeld een extra lampje in de kamer of een teddybeer, die ook veiligheid kunnen bieden. Mogelijk kan de onrustband vervangen worden door een band die de cliënt zelf los kan maken.
Als blijkt dat alle alternatieven niet werken, en de cliënt onrustiger wordt, is het nog maar de vraag of een verandering ook echt bijdraagt aan zijn welzijn. Een cliënt kan al meer dan twintig jaar met een onrustband slapen waardoor het plotseling afnemen van deze band voor veel beroering kan zorgen. Het afbouwen van een maatregel vereist van een team een zorgvuldige wijze van handelen, waarbij voortdurend contact moet zijn met de cliënt en/of zijn vertegenwoordiger. Bovendien speelt in deze casus ook het recht op zeggenschap een rol. De cliënt geeft zelf aan dat hij met een onrustband wil slapen. Uit je goed begeleiderschap vloeit voort dat je serieus met deze wens moet omgaan. Je zult in gezamenlijkheid met de cliënt inzichtelijk moeten maken waarom hij voor deze optie kiest. Als hij toch weloverwogen blijft kiezen voor een onrustband, moet je de keuze van de cliënt respecteren.

6 Speelruimte

Een cliënt in een elektrische rolstoel zit vol energie. Je zou hem dan ook graag de kans geven om buiten wat te 'racen'. Maar hij kijkt slecht uit, ook binnen botst hij altijd overal tegenop. Zijn ouders zijn bang dat hij ook buiten tegen auto's op zal botsen of een ongeluk zal krijgen. Zij hebben hem verboden alleen naar buiten te gaan. Het lukt maar zo af en toe om met hem mee te gaan, waardoor de cliënt de meeste tijd binnenzit.

In het ondersteuningsplan van deze cliënt ligt vermoedelijk vastgelegd dat hij niet alleen naar buiten mag. De reden hiervoor is dat hij binnen overal tegenop botst. De vraag die je als begeleider moet stellen is of hier sprake is van een geldige reden. Het lijkt alsof niet goed is nagedacht over alternatieven. Wat zijn de risico's als de cliënt toch naar buiten gaat? Begrijpt hij welk gevaar hij buiten loopt? Op welke manieren kan het gevaar zoveel mogelijk worden beperkt, zodat de cliënt wel naar buiten kan met zijn rolstoel? De casus wordt lastiger als de cliënt zich gaat verzetten tegen de maatregel. De Wet Bopz spreekt van dwangbehandeling als de cliënt op dat moment niet naar buiten mag. Voorwaarde voor het toepassen van dwangbehandeling is dat er sprake is van 'gevaar' voor de cliënt zelf of anderen. Onduidelijk is of dat hier het geval is. Vermoedelijk krijgt de cliënt niet of nauwelijks de kans om buiten te racen op een veilige manier.

7 Straf

Volgens de takenlijst moet één bepaalde cliënt iedere avond deze week tafeldekken. De takenlijst is in de groepsvergadering besproken en iedereen was het ermee eens. Toch heeft die cliënt nog geen enkele keer deze week de tafel gedekt. Hij komt steeds pas thuis als het eten al op tafel staat en anderen zijn taak hebben overgenomen. Iedere dag belooft hij beterschap, maar deze keer ben je het zat. Als hij na het eten naar de club wil, zeg je hem dat hij voor straf thuis moet blijven. Als hij komende week iedere dag zijn taak doet, mag hij volgende week weer naar de club. Tot die tijd blijft hij 's avonds binnen.

Het is toegestaan om in elke woning, in overleg met de cliënten en/of vertegenwoordiger, huisregels op te stellen. De inhoud van deze regels, die voor alle cliënten in een woning gelden, mag niet verder gaan dan onderlinge afspraken die nodig zijn om met elkaar in een woning te verblijven. Het gaat dan om regels over het tijdstip van eten, het doen van huishoudelijke werkzaamheden zoals meehelpen met koken, schoonmaken en de tafel dekken en het respecteren van de privacy van medecliënten.
Het is verboden om in de huisregels ook het onderdeel *straffen* op te nemen. Hetzelfde geldt voor individuele beperkingen, die thuishoren in het ondersteuningsplan van een cliënt.
Het straffen en belonen van een cliënt is een bijzondere vorm van een pedagogische maatregel. De gevolgen van het opleggen van deze straf zijn zo ingrijpend dat sprake is van een vrijheidsbeperkende maatregel. Op basis van de Wet Bopz is het niet toegestaan dat een vrijheidsbeperkende maatregel een strafkarakter krijgt. In dat geval schiet vrijheidsbeperking haar doel voorbij en handelt een begeleider niet meer als een goed begeleider.
De straf zou beter vervangen kunnen worden door het ervaren van de gevolgen van het (niet) handelen van de cliënt. Als de cliënt zijn taken niet goed uitvoert, kan een begeleider in plaats van het opleggen van een straf, zoals een hele week 's avonds niet naar buiten mogen, er ook voor zorgen dat de plek van de cliënt aan tafel niet wordt gedekt. Een dergelijke maatregel is veel natuurlijker en heeft vermoedelijk een groter leereffect dan het opleggen van een 'vrijheidsbeperkende straf'.
Zo kunnen cliënten ook daadwerkelijk leren van de consequenties van hun (niet) handelen. Het uitdelen van een straf is een kunstmatige consequentie van het handelen, niet een natuurlijke. Bovendien onderstreept het de machtsongelijkheid tussen de cliënt en de begeleider.

8 Vormen van vrijheidsbeperking: middelen of maatregelen

In een woning voor zes cliënten met een matige verstandelijke beperking wordt elke avond om acht uur koffie gedronken in de gezamenlijke woonkamer. Een cliënt stemt hier niet mee in. Hij kan niet goed praten, maar maakt op tal van andere manieren duidelijk dat hij liever op zijn kamer koffie drinkt. Hij schopt en schreeuwt, waardoor het voor de andere cliënten bijna onmogelijk wordt om tv te kunnen kijken. Aangezien de 'lastige' cliënt niet luistert naar de waarschuwingen die hij voortdurend krijgt, komt het regelmatig voor dat hij naar zijn kamer wordt gestuurd. Afgelopen vrijdag is de situatie echter dusdanig uit de hand gelopen dat hij de hele avond en nacht in de afzonderingsruimte heeft doorgebracht.

Cliënten wonen met andere cliënten samen en dat betekent dat ze rekening met elkaar moeten houden. Als begeleider zul je alert moeten zijn op situaties waarin cliënten duidelijk aangeven dat ze niet mee willen doen met het 'groepsgebeuren'. Zo kan het voorkomen dat cliënten liever op hun eigen kamer eten of tv-kijken. Je wilt als begeleider voorkomen dat deze cliënten vereenzamen op hun eigen kamer. Het is zoeken naar een goede balans: cliënten betrekken bij een aantal activiteiten en ze op andere momenten met rust laten en hun eigen gang laten gaan. In deze casus lijkt het alsof de cliënt duidelijk aangeeft dat hij niet gezamenlijk wil koffiedrinken. Ondanks het groepsgebeuren heeft hij ook recht op zijn eigen privacy en vrijheid. Vanuit het recht op ontplooiing kan het belangrijk zijn dat de cliënt zich niet steeds onttrekt aan het groepsgebeuren. Mogelijk kun je dit bespreken met de cliënt en een compromis voorstellen. Maar dit mag niet ten koste gaan van het recht op vrijheid en zeggenschap van de cliënt.
Om onduidelijke redenen is de situatie dusdanig uit de hand gelopen dat fors ingrijpen noodzakelijk was en de cliënt uiteindelijk afgezonderd moest worden. Deze maatregel stond niet in haar ondersteuningsplan genoteerd en moet worden beschouwd als een 'middel of maatregel' die wordt toegepast ter voorkoming van een noodsituatie waarbij sprake is van acuut gevaar. Direct na de toepassing ervan dient deze te worden geëvalueerd in het team en moet worden beoordeeld of de maatregel in het ondersteuningsplan wordt opgenomen. Daarvoor is de toestemming van de cliënt of, als de cliënt wilsonbekwaam in deze situatie is, van de vertegenwoordiger nodig. Ook moet de Inspectie over de maatregel worden geïnformeerd.
Een vrijheidsbeperking, zoals separatie, mag alleen worden toegepast in intramurale instellingen. Deze instellingen hebben een Bopz-indicatie die nodig is voor het toepassen van vrijheidsbeperkende maatregelen.
Een ander aandachtspunt is de juridische status van de cliënt. Als vrijheidsbeperking structureel wordt ingezet tegen de wil van de cliënt in, moet op den duur ook de vrijwillige status van de cliënt worden omgezet in een onvrijwillige status. Dit kan een begeleider niet zelf doen, maar moet plaatsvinden in nauw overleg met de rechter die een beslissing neemt over het afgeven van een rechterlijke machtiging.
Wederom spelen hier de criteria subsidiariteit, proportionaliteit en effectiviteit rol. Belangrijke vragen zijn: Is het gevaar van dusdanige

omvang dat een middel of maatregel gerechtvaardigd is (proportionaliteit)? Zijn er ook alternatieven denkbaar en had de situatie preventief opgelost kunnen worden (subsidiariteit)? Staat de duur van de maatregel (avond en nacht) in verhouding tot wat er gebeurd is (proportionaliteit)? Draagt de afzondering ook bij aan het voorkomen van lastig gedrag (effectiviteit)? Al deze vragen moeten voortdurend in een team en in overleg met een arts of gedragskundige aan de orde worden gesteld als het gaat om een ingrijpende maatregel zoals afzondering.

9 Vormen van vrijheidsbeperking: beperkingen in de bewegingsvrijheid – individuele afspraken met een cliënt

Een cliënt wil graag op zaterdagavond met schoolvrienden gaan stappen in Amsterdam. Hij kan zelfstandig reizen, dus dat is niet het probleem. Hij is wel erg beïnvloedbaar, dus je houdt je hart vast wat hij zal doen als ze hem in de discotheek drugs zullen aanbieden. Je hebt het met hem besproken, maar hij ziet geen enkel probleem.

Ook in deze casus botst het recht op vrijheid met het recht op goede zorg, in dit geval het waarborgen van de veiligheid. De cliënt spreekt de wens uit om te gaan stappen. Een zeer normale vraag. Als begeleider zie je echter wel een aantal problemen waardoor je eigenlijk niet op zijn verzoek in wilt gaan en zijn recht op vrijheid wilt beperken. Je wilt voorkomen dat de cliënt in de problemen raakt en hem met alle beste bedoelingen beschermen tegen de gevaren die hij in Amsterdam tegen kan komen. Een goed punt in deze casus is dat aan de cliënt de gevaren zijn uitgelegd. Als uit dat gesprek naar voren komt dat een cliënt niet begrijpt om welke gevaren het gaat, heb je als begeleider mogelijk een reden om de vrijheid van deze cliënt te beperken. Het recht op goede zorg vereist op dat moment dat je de vrijheid van een cliënt beperkt en de reden daarvoor is de veiligheid van de cliënt zelf. Uiteraard moet je wel rekening houden met de eerder genoemde criteria van subsidiariteit, proportionaliteit en effectiviteit. Samen met de cliënt kun je op zoek gaan naar alternatieven. Een mogelijkheid kan zijn dat je een keer meegaat met de cliënt en je een oordeel vormt over het gevaar dat zich mogelijk kan voordoen.

10 Vrijheidsbeperking door beïnvloeding

Een cliënt wil het weekend naar zijn vriendin. Je weet dat zijn ouders hem juist dat weekend willen komen halen en dat de cliënt daar geen zin in heeft. Je geeft aan dat hij natuurlijk vrij is om te gaan, maar dat je dat wel erg onaardig vindt tegenover zijn ouders. Je beargumenteert dat ze jarenlang alles voor hem over hebben gehad en nu ze iets van hém vragen hij dat niet wil. Gunt hij het zijn ouders soms niet om een gezellig weekend met hem te hebben?

Ook beperkingen in de individuele vrijheid van cliënten mogen niet zonder geldige reden worden opgelegd. In dit geval wil je de cliënt zo beïnvloeden dat hij niet naar zijn vriendin gaat waardoor je hem beperkt in zijn vrijheid. De vraag is echter of je daarin in moet grijpen en zo ja, hoe je dat doet. Uiteraard wil je als begeleider dat de relatie tussen de cliënt en zijn ouders niet verstoord wordt. De vraag is echter of je daarin in moet grijpen. In deze casus leg je aan de cliënt uit hoe jij de relatie tussen hem en zijn ouders ziet en geef je argumenten aan waarom hij wel dit weekend naar zijn ouders zou kunnen gaan. Het verhaal heeft echter ook een andere kant: de wijze waarop de cliënt naar deze relatie kijkt. Het is jouw taak hem te ondersteunen in het maken van een weloverwogen keuze. Misschien wil hij niet meer elk weekend naar zijn ouders toe omdat hij ook graag zijn (nieuwe) vriendin wil zien. Hij kan daar goede redenen voor hebben en als begeleider zul je deze ook moeten accepteren. Ook dat is een aspect van goede zorg. Het recht op goede zorg betekent concreet dat je de juiste middenweg vindt in het begeleiden van cliënten met als uiteindelijk doel het ontwikkelen van de mogelijkheden van een cliënt. Dit kan in het ene geval betekenen dat je een cliënt beperkt in zijn vrijheid omdat je daar gegronde redenen voor hebt en op het andere moment, zoals in deze casus, zul je de vrijheid van een cliënt moeten respecteren.

11 Douchen voor elf uur

Al jaren geldt de regel in huis dat er na elf uur niet meer gedoucht mag worden. Een cliënt houdt zich daar niet aan en reageert altijd verschrikkelijk boos als je hem om half twaalf het douchen verbiedt. In het team is aan de orde hoe met die boosheid om te gaan. Overwogen wordt om de cliënt andere beperkingen op te leggen. Dan vraagt een begeleider waarom de regel eigenlijk bestaat. Een begeleidster die al jaren op de voorziening werkt, weet te vertellen dat vroeger alleen tussen tien en elf uur gedoucht kon worden omdat er alleen tijdens dat uur water was.

Huisregels gelden voor alle cliënten die in een woning wonen. Het is echter niet de bedoeling dat deze huisregels, die ooit in het verleden zijn opgesteld, jarenlang in dezelfde vorm blijven bestaan. Regelmatig zullen zich veranderingen voordoen binnen een woning, of zullen cliënten overlijden of verhuizen waardoor nieuwe cliënten in de woning komen wonen. Al deze veranderingen verplichten je als team en als begeleider om voortdurend kritisch naar de huisregels te blijven kijken en, indien nodig, deze ook aan te passen. Daarbij is het van belang dat cliënten inspraak hebben in het opstellen en aanpassen van de huisregels. Zij krijgen immers dagelijks te maken met deze regels. Als blijkt dat cliënten liever op een ander tijdstip willen douchen, zul je daarover in gesprek moeten gaan. Dit geldt ook als individuele uitzonderingen noodzakelijk of gewenst zijn. Als een cliënt heftig transpireert en vaker onder de douche wil dan een keer per dag of als een cliënt vanwege een bezoek aan de disco of andere bezigheden graag na elf uur 's avonds wil douchen, moet dat uiteraard ook mogelijk zijn. Het wordt een ander verhaal als deze cliënt alleen onder begeleiding mag douchen en er na elf uur geen begeleiding meer aanwezig is in de woning. Op dat moment zul je samen met de cliënt op zoek moeten gaan naar een alternatief.

12 Vrijheid is je eigen ritme volgen

Op de groep geldt de huisregel dat iedereen om tien uur 's avonds naar zijn kamer gaat en het licht in de huiskamer uitgaat. Eén cliënt heeft 's avonds altijd veel tijd nodig. Hij rommelt overal nog even voor hij naar boven gaat. Het lukt hem dan ook nooit om voor tien uur op zijn kamer te zijn. Begeleiders vinden dat hij maar aan de structuur moet wennen, maar als hij 's avonds niet de tijd kan nemen, wordt hij erg onrustig, ligt uren wakker, gaat anderen storen en hij heeft zelfs een keer op zijn eigen kamer vernielingen aangericht. Als de cliënt wel de tijd krijgt en in zijn eigen tempo naar boven mag gaan, gaat hij rustig slapen. Maar, zo zeggen begeleiders, de structuur geldt voor de hele groep, we kunnen niet voor één persoon een uitzondering maken.

Hoewel huisregels voor de gehele groep gelden, bestaat altijd de mogelijkheid om hierop uitzonderingen te maken. Deze moet je als begeleider vastleggen in het ondersteuningsplan van de cliënt. In deze casus betreft het een cliënt die nog niet om tien uur naar zijn kamer wil. Als hij zelfstandig naar bed kan gaan, bestaat er in beginsel geen belemmering om hem later naar bed te laten gaan. Het wordt een ander verhaal als hij veel lawaai maakt en andere cliënten wakker houdt en daardoor voor veel onrust zorgt. Op dat moment mag je als begeleider de vrijheid van een cliënt beperken. In deze casus is daar geen aanleiding toe. Goede zorg betekent in deze casus dat je de cliënt de ruimte geeft om zijn eigen gang te gaan, waardoor hij uiteindelijk meer rust krijgt en goed kan slapen.

13 Geen hulp na tien uur

Gezien de personeelsbezetting worden alle cliënten voor tien uur naar bed geholpen. Om tien uur begint de nachtdienst en die heeft geen tijd om cliënten te helpen.

Het gaat in dit geval niet om een huisregel, maar eerder om een afspraak die in het team is gemaakt om de eenvoudige reden dat het personeel na tien uur afwezig is. Het wordt een andere situatie als cliënten gezamenlijk de wens hebben uitgesproken dat zij graag rond tien uur naar bed worden gebracht. Op dat moment kan pas worden gesproken van een huisregel omdat cliënten inspraak hebben gehad bij het vaststellen ervan. De situatie die in deze casus wordt geschetst leidt tot een beperking in de vrijheid van cliënten, te meer als er cliënten bij zijn die graag langer willen opblijven. Vanuit het oogpunt van het bevorderen van de mogelijkheden van cliënten en het bieden van een perspectief, heb je als begeleider en als team de verplichting om hiervoor een goede oplossing te vinden. Dit kan met behulp van de nachtdienst, maar vermoedelijk zijn er ook tal van andere creatieve oplossingen te bedenken.

5.3 Richtlijnen voor de praktijk

Het huidige wettelijke kader voor de toepassing van vrijheidsbeperking geeft te weinig houvast voor begeleiders. Zo geeft de Wet Bopz geen omschrijving van het recht op vrijheid en ontbreekt een heldere definitie van het begrip vrijheidsbeperking. Daarnaast is onduidelijk wanneer vrijheidsbeperking toegestaan is. Want wat is gevaar? Wordt daar ook onder verstaan dat een cliënt loopt te gillen en daardoor in een afzonderingsruimte moet worden gezet? Of moet het gevaar zo ernstig zijn dat je alleen mag ingrijpen als een cliënt een andere cliënt bedreigt met een mes? En wat is verzet? Is dat als een cliënt duidelijk nee zegt of ook al als een cliënt aan de deur staat te kloppen?

De wetgever geeft wel een richting aan: vrijheidsbeperking mag alleen worden toegepast als aan strikte criteria is voldaan en ze moet worden beschouwd als een ultimum remedium. Dat betekent dat je in de praktijk met je team die richting verder uit zult moeten werken, zodat zowel voor de cliënten als voor de begeleiders hierover meer duidelijkheid ontstaat. Ook omdat het in de praktijk vaak gaat om dilemma's waar geen eenduidig antwoord op te geven is. De criteria proportionaliteit, subsidiariteit en effectiviteit kunnen je een behoorlijk eind op weg helpen. Van belang is dat deze criteria per situatie en per cliënt opnieuw uitgewerkt worden.

Om het recht op vrijheid van de cliënt zoveel mogelijk te waarborgen, is een aantal afspraken nodig bovenop de bestaande wettelijke regels. Hieronder geven we in een aantal richtlijnen een opsomming van de te regelen zaken. De richtlijnen zijn een vorm van regels waaraan instellingen, woningen en teams zich zouden moeten houden. De inhoud ervan is gebaseerd op wetgeving en op algemene normen over onder andere bejegening en empowerment van cliënten. De richtlijnen leiden tot een omschrijving van de rechten van cliënten van de betreffende instelling.

1 Het recht op vrijheid van de cliënt is uitgangspunt van de zorg en dienstverlening.

2 Voordat de begeleider, in samenspraak met zijn team, besluit tot vrijheidsbeperking moet hij altijd eerst de alternatieven hebben afgewogen.

3 Elke vorm van vrijheidsbeperking bespreekt de begeleider met zijn team. Als het gaat om een ingrijpende maatregel, zoals fixatie of afzondering, moet het team ook altijd overleggen, indien mogelijk voorafgaand aan de maatregel, met de arts en/of gedragskundige. De arts is altijd eindverantwoordelijk.

4 De begeleider mag alleen onder bepaalde voorwaarden inbreuk maken op het recht op vrijheid. Van belang is dat de inbreuk een bijdrage levert aan de ontplooiing van een cliënt. Dit betekent dat de maatregel zoveel mogelijk in het teken staat van het perspectief van de cliënt, dat het team of de begeleider heeft afgesproken met de cliënt en/of zijn vertegenwoordiger.

5 De vrijheid van een cliënt kan ook beperkt moeten worden vanwege gevaar voor de omgeving. Als anderen (cliënten, medewerkers of mensen uit de buurt) gevaar lopen, moet de begeleider ingrijpen.

6 Afspraken en gevolgen van inbreuken op de vrijheid van een cliënt moeten altijd worden vastgelegd in het ondersteuningsplan en worden besproken met diverse personen, waaronder de cliënt en, als de cliënt wilsonbekwaam in deze situatie is, de vertegenwoordiger, het team, de arts/gedragskundige.

7 Daarnaast dient de begeleider bij elke inbreuk op het recht op vrijheid rekening te houden met drie eisen, namelijk *subsidiariteit, proportionaliteit en effectiviteit*. Dit betekent dat de begeleider en het team voortdurend de volgende punten in acht moeten nemen:
- Ze zoeken naar het minst ingrijpende alternatief (subsidiariteit).
- De inbreuk moet in verhouding staan tot het doel dat de begeleider en het team beogen te bereiken (proportionaliteit).
- De inbreuk moet ook daadwerkelijk effect hebben: een inbreuk op de vrijheid van een cliënt moet zoveel mogelijk in het teken staan van het perspectief dat de begeleider voor ogen heeft voor deze cliënt (effectiviteit).

Als niet aan deze drie criteria wordt voldaan, dient de inbreuk direct beëindigd te worden en dient de begeleider samen met zijn teamleden op zoek te gaan naar een andere oplossing.
NB: De enige uitzondering vormt ´gevaar voor anderen'. Dan moet de begeleider direct handelen. Pas als het gevaar geweken is, kan de begeleider, gericht op het perspectief van de cliënt, op zoek gaan naar oplossingen.

8 Binnen een instelling, waar ook de gedragskundige en arts vanwege hun verantwoordelijkheden bij betrokken moeten zijn,

wordt een *visie* geformuleerd op vrijheidsbeperking. Die visie bestaat uit de volgende elementen:

- Een definitie van vrijheidsbeperking: welke vormen vallen wel en niet onder dit begrip?
- Een overzicht van alternatieven die kunnen worden ingezet voor vrijheidsbeperking.
- Een overzicht van preventieve acties die de instelling kan nemen om vrijheidsbeperking te voorkomen, onder andere signaleringsplannen.
- Een standpunt over de kwestie of er nog sprake is van vrijheidsbeperking als een cliënt toestemming verleent. Of als de vertegenwoordiger instemt, maar de cliënt niet.
- Een overzicht van meer en minder ingrijpende vormen van vrijheidsbeperking (is de vorm en/of duur van de beperking bepalend?).
- De wijze waarop vrijheidsbeperking in het ondersteuningsplan wordt genoteerd.
- De wijze waarop vrijheidsbeperking wordt besproken met de cliënt en/of zijn vertegenwoordiger.
- De wijze waarop vrijheidsbeperking wordt geëvalueerd en teruggekoppeld in het team en de instelling.
- De definitie van gevaar en verzet; bij elke cliënt moet de wijze waarop een cliënt zich verzet in kaart worden gebracht en in het ondersteuningsplan worden omschreven.
- De wijze van omgaan met wilsonbekwaamheid en vrijheidsbeperking.
- Een omschrijving van gegronde redenen om vrijheidsbeperking toe te passen.
- De deskundigheid die is vereist om bepaalde (ingrijpende) vormen van vrijheidsbeperking toe te mogen passen.
- Hoe om te gaan met risico's van cliënten zoals verkeersonveiligheid en onverantwoord seksueel gedrag.
- De eindverantwoordelijke functionaris voor de toepassing van vrijheidsbeperking. Dat kunnen zijn de arts en/of de gedragsdeskundige of ook de begeleider in bepaalde situaties. Dit met het oog op risico's die zich kunnen voordoen als de begeleider besluit om geen vrijheidsbeperking toe te passen.
- De visie van de instelling op straffen en belonen.

9 Alle vrijheidsbeperkende maatregelen moeten worden genoteerd in het ondersteuningsplan. Het gaat om een overzicht van de maatregelen die zijn toegepast, de redenen van toepassing, de duur van toepassing en of de maatregelen onder verzet van de cliënt en/of diens vertegenwoordiger plaatsvinden.

10 Zowel binnen een team, in overleg met een gedragskundige en arts, als tussen een begeleider en een cliënt en/of zijn vertegen-

woordiger moet voortdurend worden gesproken over vrijheidsbeperking en de alternatieven. Dit begint al bij het opstellen en bijhouden van het ondersteuningsplan en loopt vervolgens continu door: voorafgaand aan een toepassing van vrijheidsbeperking, tijdens de toepassing en direct na afloop van de toepassing.

11 Vrijheidsbeperking heeft tot doel dat ze een bijdrage kan leveren aan de ontwikkeling van een cliënt. Bij elke toepassing van een maatregel moet de begeleider dit perspectief voor ogen hebben: op welke wijze kan de maatregel een bijdrage leveren aan het vergroten van de mogelijkheden van de cliënt?

12 In overleg met het team en de arts en gedragskundige moeten ook de grenzen van zorg worden erkend. Als een cliënt zeer moeilijk gedrag vertoont, waarvoor de benodigde deskundigheid ontbreekt en bovendien de omgeving niet veilig is, moet in overleg met de cliënt, en de vertegenwoordiger als de cliënt wilsonbekwaam in deze situatie is, en de betrokken hulpverleners gezocht worden naar een andere oplossing. Van belang is dat wel tijdig wordt ingegrepen en een cliënt niet onnodig lang op een 'verkeerde' plaats verblijft waardoor hij zichzelf en zijn omgeving in gevaar brengt.

13 Bij elke individuele toepassing van vrijheidsbeperking houdt het team rekening met een aantal randvoorwaarden die ervoor zorgen dat goede zorg en goed hulpverlenerschap voortdurend gegarandeerd is. Deze randvoorwaarden worden met enige regelmaat in een teamoverleg besproken:

- *Eigen ruimte voor de cliënt*: Heeft elke cliënt een eigen kamer of eigen ruimte? Hoeveel cliënten wonen in een groep? Hoe is de groep samengesteld? Een adequate woonsituatie voorkomt dat cliënten zich aan elkaar gaan ergeren en zorgt dat er meer rust is en dat cliënten de mogelijkheid hebben om zich terug te trekken.
- *Adequate personele bezetting*: Is er een groot verloop binnen het team? Heeft elke cliënt een eigen persoonlijk begeleider waar hij met vragen en problemen terecht kan en die de cliënt goed kent? Worden nieuwkomers ingewerkt? De bezetting van het team moet in kwalitatieve en kwantitatieve zin op orde zijn wil goede zorg mogelijk zijn.
- *Deskundigheidsbevordering en scholing*: is het team voldoende *bekwaam* (deskundig) om vrijheidsbeperking toe te passen en verzet van een cliënt te waarderen? Komen de thema's vrijheidsbeperking en verzet regelmatig ter sprake tijdens teamvergaderingen en deskundigheidsbevordering?
- *Registratie- en meldingssysteem*: binnen de instelling moet een eenduidig registratie- en meldingsysteem zijn opgezet voor al-

le toepassingen van vrijheidsbeperking, dat tevens gebruikt kan worden voor de evaluatie van vrijheidsbeperkende maatregelen. Hoe meldingsbereid is het team?
- *Evaluatie:* in het team moet regelmatig op basis van het registratie- en meldingssysteem een grondige evaluatie plaatsvinden (per individu, per team/afdeling en per instelling). De uitkomsten van deze evaluatie moeten ook worden doorgenomen met de cliënt en/of zijn vertegenwoordiger.
- *Bopz-commissie of commissie vrijheidsbeperking:* in het team moet met enige regelmaat contact zijn met de Bopz-commissie over het thema vrijheidsbeperking. Dit kan via gerichte terugkoppeling naar een woning/afdeling, door eigen initiatieven (zoals een voorlichtingsdag), door scholing en door het afleggen van werkbezoeken aan andere instellingen dan wel aan een woning/afdeling in de eigen instelling.
- *Betrokkenheid management:* het team moet binnen de instelling nauw contact hebben met het management en zich ook gesteund voelen door het management.

14 De juridische status van een cliënt – onvrijwillig of vrijwillig opgenomen - is helder omschreven in zijn dossier. De begeleiders zijn daarvan goed op de hoogte.

15 Straffen en belonen als pedagogische maatregel wordt in principe niet toegepast. In plaats daarvan wordt de cliënt zoveel mogelijk geconfronteerd met de gevolgen van zijn handelen of niet handelen.

Naast een aantal algemene richtlijnen die je in je team moet uitwerken en ook bespreekbaar moet maken met je cliënten en/of vertegenwoordigers, geven we ook een aantal richtlijnen voor de huisregels, die ook een vorm van vrijheidsbeperking zijn.

5.3.1 RICHTLIJNEN VOOR HUISREGELS

Huisregels bevatten alleen de regels die nodig zijn voor een ordelijke gang van zaken in een instelling (een groep, een woning). In huisregels horen geen individuele regels thuis. Deze moeten een plaats krijgen in het ondersteuningsplan van de cliënt.

Voorwaarden voor huisregels:

1 Huisregels gaan niet verder dan nodig is om een ordelijke gang van zaken binnen de instelling te handhaven.
2 In de inleiding van de huisregels kunnen algemene omgangsvormen worden opgenomen (bijvoorbeeld: dronkenschap is verboden, cliënten respecteren elkaars privacy, agressief en gewelddadig gedrag en seksueel intimiderend gedrag is verboden).

3 De volgende thema´s kunnen in de huisregels worden opgenomen: slaap- en rusttijden, etenstijden, post, bezoektijden, telefoneren, privébezittingen, roken, alcohol, drugs en andere verdovende middelen, fotograferen, film en video en handel drijven. NB: Een algemeen alcoholverbod is niet toegestaan, wel een bepaling over dronkenschap.
4 De volgende thema´s mogen niet in de huisregels worden opgenomen: regels over gedrag, sancties in het algemeen en sancties op het niet naleven van de huisregels, persoonlijke verzorging, beperkingen in de bewegingsvrijheid, gevaarlijke voorwerpen, verlof en ontslag, inhoud van en deelname aan behandeling en activiteiten, medicijngebruik, vrijheidsbeperking, urinetesten, seksualiteit, financiën.
5 In de huisregels staan geen therapeutische overwegingen vanwege een cliënt of een bepaalde doelgroep.
6 In de huisregels staan geen beperkingen die samenhangen met de ondersteuning van een cliënt.
7 Huisregels beperken de fundamentele rechten van een cliënt niet verder dan nodig is voor een ordelijke gang van zaken binnen de instelling.
8 Huisregels worden zoveel mogelijk door en in samenspraak met de cliënten opgesteld, geëvalueerd en, indien nodig, aangepast.
9 De cliënt en/of zijn vertegenwoordiger worden zo spoedig mogelijk na opname over huisregels geïnformeerd.
10 Huisregels gelden voor alle cliënten van de instelling (vrijwillig of onvrijwillig opgenomen).
11 In huisregels bestaat een redelijke verhouding tussen het doel en de inhoud van de regel.
12 Individuele beperkingen zijn vastgelegd in het ondersteuningsplan van de cliënt.
13 Voor individuele cliënten kunnen huisregels worden beperkt, verruimd of opgeheven via het ondersteuningsplan van de cliënt.
14 Vrijheidsbeperkende maatregelen in de zin van afsluiten van een groepsruimte horen thuis in het ondersteuningsplan.
15 Huisregels bevatten geen sancties (straffen).

6 De wettelijke basis voor cliëntenrechten

6.1 Inleiding

Aandacht voor de rechten van cliënten met een beperking is niet nieuw. In de jaren negentig van de vorige eeuw werd steeds duidelijker dat de rechtspositie van cliënten onvoldoende beschermd was. De wetgever vond het, mede op verzoek van cliëntenorganisaties, tijd worden voor actie. Daarom zijn diverse cliëntenwetten in werking getreden.

De rechten van cliënten hebben we behandeld in de hoofdstukken 2 tot en met 5 van dit boek. Die rechten zijn vastgelegd in verschillende wetten die ook van toepassing zijn in de zorg voor mensen met een verstandelijke beperking.

De volgende wetten en regelingen zijn relevant:
- Wet op de geneeskundige behandelingsovereenkomst (Wgbo);
- Wet Bijzondere opnemingen in psychiatrische ziekenhuizen (Wet Bopz);
- Wet bescherming persoonsgegevens (Wbp);
- Regeling curatele;
- Regeling mentorschap;
- Regeling bewindvoering;
- Wet op de orgaandonatie;
- Wet medisch-wetenschappelijk onderzoek met mensen (Wmo);
- Wet klachtrecht cliënten zorgsector (Wkcz);
- Wet medezeggenschap cliënten zorginstellingen (Wmcz);
- Wet op de Beroepen in de individuele gezondheidszorg (Wet BIG);
- Kwaliteitswet zorginstellingen (Kwz).

Deze wetten en regelingen hebben, ieder op hun eigen manier, de rechtspositie van cliënten in de zorg voor mensen met een verstandelijke beperking verbeterd. De wetten geven duidelijkheid over de rechten en enkele plichten van cliënten en over de taken en bevoegdheden van hun begeleiders en (wettelijk) vertegenwoordigers.

De specifieke cliëntenrechten in de Nederlandse wetgeving zijn gebaseerd op de burgerrechten die in diverse internationale documenten zijn vastgelegd en die ook zijn terug te vinden in de Nederlandse Grondwet.

Enkele belangrijke Europese en internationale verdragen waarin wordt verwezen naar allerlei burgerrechten zijn:

- Universele Verklaring van de Rechten van de Mens (UVRM);
- Europees Verdrag voor de Rechten van de Mens (EVRM);
- Standaardregels van de Verenigde Naties betreffende het bieden van gelijke kansen voor gehandicapten (1994);
- VN-verdrag voor rechten van mensen met een handicap (2007).

In paragraaf 6.2 tot en met 6.5 lichten we de wettelijke basis toe voor de rechten die in de hoofdstukken 2 tot en met 5 zijn behandeld. Dit hoofdstuk is bedoeld voor lezers die zich willen informeren over achtergronden en contexten van de rechten van cliënten. Het is een verdieping en onderbouwing van hoofdstuk 2 tot en met 5.
Achter in dit boek staat een literatuurlijst met (achtergrond)informatie over de diverse wetten en ontwikkelingen in het veld.

6.2 Wettelijke basis voor het recht op privacy als burgerrecht

6.2.1 INLEIDING

In nationale, Europese en internationale wetgeving zijn regels te vinden over het recht op privacy. De Europese Unie heeft een privacyrichtlijn opgesteld, waarin regels zijn vastgelegd over de informationele privacy. Daarnaast wordt in andere Europese en internationale verdragen verwezen naar het recht op privacy, bijvoorbeeld in artikel 12 van de Universele Verklaring van de Rechten van de Mens en in artikel 8 van het Europees Verdrag voor de Rechten van de Mens. In deze verdragen wordt gesproken over privéleven en persoonlijke levenssfeer. Beide begrippen zijn niet nader omschreven. In de Standaardregels van de Verenigde Naties over het bieden van gelijke kansen voor gehandicapten (1994) wordt privacy vergeleken met het recht op een gezinsleven, het recht te beschikken over het eigen lichaam en het verbod op discriminatie wat betreft relaties, huwelijk en ouderschap. Ook in het recentelijk opgesteld VN-verdrag voor rechten van mensen met een handicap (2007) wordt in artikel 22 het recht op privacy genoemd:

- 'Geen enkele persoon met een handicap, ongeacht zijn of haar woonplaats of woonsituatie, zal worden blootgesteld aan willekeurige of onrechtmatige inmenging in zijn of haar privéleven, gezinsleven, woning of correspondentie, of andere vormen van communicatie, of aan onrechtmatige aantasting van zijn of haar eer en reputatie. Personen met een handicap hebben recht op wettelijke bescherming tegen dergelijke vormen van inmenging of aantasting' (artikel 22, lid 1).

- 'De Staten die Partij zijn beschermen de privacy van personen met een handicap met betrekking tot persoonsgegevens en informatie omtrent hun gezondheid en revalidatie op voet van gelijkheid met anderen' (artikel 22, lid 2).

Het recht op privacy is niet onbeperkt, er zijn ook grenzen. In elk verdrag wordt een aantal uitzonderingen genoemd. Als begeleider mag je inbreuk maken op het recht op privacy van een cliënt. Dit gebeurt in het kader van de bescherming van de gezondheid of de bescherming van de rechten en vrijheden van anderen (artikel 8 EVRM). Niet elke beperking is toegestaan, er moet sprake zijn van een noodzaak. De inbreuk op het recht op privacy mag niet groter zijn dan het doel wat ermee bereikt moet worden. Een begeleider mag bijvoorbeeld de kamer van een cliënt binnenlopen als hij vermoedt dat de cliënt een epileptische aanval heeft. Hij mag echter niet zonder noodzaak de kamer van een cliënt binnengaan. Bovendien kan hij eerst aankloppen of vragen wat er aan de hand is.

Het recht op privacy is ook vastgelegd in de Nederlandse Grondwet. De wetgever geeft een ruime invulling aan dit recht. Artikel 10 en 11 van de Grondwet gaan over privacy:

Artikel 10 Grondwet

- 'Ieder heeft, behoudens bij of krachtens de wet te stellen beperkingen, recht op eerbiediging van zijn persoonlijke levenssfeer' (lid 1).
- 'De wet stelt regels ter bescherming van de persoonlijke levenssfeer in verband met het vastleggen en verstrekken van persoonsgegevens' (lid 2).
- 'De wet stelt regels inzake de aanspraken van personen op kennisneming van over hen vastgelegde gegevens en van het gebruik dat daarvan wordt gemaakt, alsmede op verbetering van zodanige gegevens' (lid 3).

Artikel 10 Grondwet heeft betrekking op de informationele privacy en op de ruimtelijke privacy. Op grond van dit artikel moet elke cliënt toestemming geven voor het verstrekken van zijn persoonsgegevens aan begeleiders, vertegenwoordigers en andere betrokkenen. Daarnaast wordt in dit artikel ook het begrip persoonlijke levenssfeer genoemd, waaronder de wetgever verstaat dat elke cliënt recht heeft op een 'eigen ruimtelijke levenssfeer'.

Artikel 11 Grondwet

- 'Ieder heeft, behoudens bij of krachtens de wet te stellen beperkingen, recht op onaantastbaarheid van zijn lichaam.'

Artikel 11 Grondwet heeft minder betrekking op de informationele privacy en raakt meer aan de ruimtelijke privacy. In dit artikel wordt de 'lichamelijke integriteit' van een cliënt beschermd. Een cliënt heeft het recht om over zijn eigen lichaam te beschikken. Hij mag niet zonder een goede motivatie van de begeleider worden beperkt in zijn vrijheid. Ook moet een cliënt in beginsel zelf toestemming geven voor een onderzoek of een bezoek aan een dokter. Van belang is dan wel dat hij ook in staat is om toestemming te geven.
(Wilsbekwaamheid komt in paragraaf 6.4.2 aan de orde.)

6.2.1.1 HET RECHT OP PRIVACY NADER UITGEWERKT IN NEDERLANDSE WETGEVING

De basis voor het recht op privacy is vastgelegd in de Grondwet en nader uitgewerkt in diverse cliëntenwetten. De Wet op de geneeskundige behandelingsovereenkomst (Wgbo), de Wet bescherming persoonsgegevens (Wbp), de Wet Bijzondere opnemingen in psychiatrische ziekenhuizen (Wet Bopz) en de Wet klachtrecht cliënten zorgsector (Wkcz) besteden aandacht aan het recht op privacy. In deze wetten is het recht op informationele privacy veel duidelijker vastgelegd dan het recht op ruimtelijke privacy.

6.2.2 PRIVACY EN DE WET OP DE GENEESKUNDIGE BEHANDELINGSOVEREENKOMST (WGBO)

In de Wgbo wordt een nadere invulling gegeven aan artikel 10 en 11 Grondwet. Deze wet stelt niet zoals in de Wbp beperkingen aan het registreren van persoonsgegevens, maar verplicht een begeleider tot het verzamelen van (alle) gegevens over de ondersteuning die wordt geboden aan een cliënt. In deze wet wordt zowel aandacht besteed aan de informationele als aan de ruimtelijke privacy.

6.2.2.1 INFORMATIONELE PRIVACY

Dossier en ondersteuningsplan

Elke cliënt heeft recht op een dossier en een ondersteuningsplan, waarin alleen de gegevens worden vastgelegd die voor een goede hulpverlening noodzakelijk zijn. In de Wgbo is bepaald dat een dossier minimaal 15 jaar moet worden bewaard. Deze termijn mag in de zorg voor mensen met een verstandelijke beperking worden verlengd omdat cliënten meestal voor een langere periode worden ondersteund.
Een cliënt heeft ook het recht om een verklaring toe te voegen aan zijn dossier. Dit mag ook als de begeleider dat niet noodzakelijk vindt of als hij over de informatie met de cliënt van mening verschilt. De begeleider kan in het dossier aantekenen dat hij en de cliënt een andere mening hebben.

Daarnaast mag een cliënt ook eisen dat (een deel van) zijn dossier wordt vernietigd. Voorwaarde daarvoor is dat de cliënt wilsbekwaam is.
Een begeleider hoeft niet op het verzoek om vernietiging in te gaan als een aanmerkelijk belang bestaat voor een ander dan de cliënt. Bijvoorbeeld als de cliënt een erfelijke ziekte heeft of een klacht wil indienen tegen een begeleider.

Recht op inzage en afschrift
Een cliënt heeft op grond van de Wgbo recht op inzage in zijn dossier en recht op een afschrift van zijn gegevens. Het recht op inzage is, in tegenstelling tot het recht op informatie, onbeperkt. Dit betekent dat een begeleider geen informatie uit het dossier mag achterhouden voor een cliënt. Ook niet als deze gegevens belastend voor hem kunnen zijn. De wet maakt hierop één uitzondering: het recht op inzage mag worden beperkt voor gegevens of aantekeningen die de persoonlijke levenssfeer van anderen raken.
Uit het recht op inzage en afschrift vloeit ook de verplichting voor de begeleider voort dat hij alle informatie uit het dossier toegankelijk en begrijpelijk moet maken voor cliënten. Dit kan betekenen dat met behulp van diverse communicatiemiddelen, zoals pictogrammen of een video, een dossier vertaald moet worden in een taal die aansluit bij de belevingswereld van een cliënt.

Geheimhoudingsplicht van de begeleider
De begeleider mag alleen met toestemming van de betrokken cliënt de gegevens van de cliënt aan andere begeleiders laten lezen. Dit geldt niet voor teamleden en andere hulpverleners die nauw betrokken zijn bij het bieden van ondersteuning aan de cliënt, zoals de arts of de pedagoog. Zij hebben recht op de informatie die nodig is om de juiste ondersteuning te kunnen bieden. Andere begeleiders of hulpverleners die iets verder af staan van de dagelijkse zorg of die in het dagactiviteitencentrum werken, hebben echter geen onbeperkt inzagerecht. De wetgever stelt als aanvullende eis dat het verstrekken van gegevens 'noodzakelijk moet zijn voor de door hen in dat kader te verrichten werkzaamheden'. Een fysiotherapeut hoeft niet het hele dossier van een cliënt in te zien om zijn werkzaamheden te kunnen verrichten. Volstaan kan worden met de gegevens die noodzakelijk zijn om zijn behandelingen te kunnen uitvoeren.
De geheimhoudingsplicht van een begeleider betekent ook dat binnen een team duidelijke afspraken moeten worden gemaakt over het inzagerecht van stagiaires en invalkrachten. Zo kan bijvoorbeeld worden afgesproken dat stagiaires en invalkrachten een samenvatting van het dossier kunnen inzien in plaats van het hele dossier.
De wetgever maakt ook een belangrijke uitzondering voor ouders en vertegenwoordigers van cliënten. Als een cliënt *wilsbekwaam* is en niet wenst dat bepaalde informatie wordt doorgegeven aan zijn vertegen-

woordiger, moet een begeleider deze wens van de cliënt respecteren. Dit geldt ook als een cliënt een mentor, een bewindvoerder of een curator heeft. De wens van de wilsbekwame cliënt weegt dan het zwaarst.
Indien een cliënt *wilsonbekwaam* is, heeft de begeleider de verplichting om de vertegenwoordiger te informeren over de betrokken cliënt. De vertegenwoordiger heeft in dat geval ook recht op inzage in het dossier en op afschriften. De wetgever maakt op deze bepaling ook een belangrijke uitzondering. Een begeleider behoudt de mogelijkheid om op grond van zijn *goed begeleiderschap* te besluiten geen inzage te verschaffen in (een gedeelte van) het dossier van de cliënt. Als voorbeeld wordt genoemd de situatie waarin een jeugdige cliënt een psychiatrische behandeling moet ondergaan die samenhangt met omstandigheden die zich vroeger in de thuissituatie hebben voorgedaan.

Goed begeleiderschap
'De hulpverlener moet bij zijn werkzaamheden de zorg van een goed begeleider in acht nemen en handelt daarbij in overeenstemming met de op hem rustende verantwoordelijkheid, voortvloeiende uit de voor hulpverleners geldende professionele standaard' (artikel 7:453 BW).

Doorbreken van geheimhoudingsplicht
Een begeleider mag zijn geheimhoudingsplicht doorbreken als de wet hem daartoe verplicht. Dit kan bijvoorbeeld op grond van de Wet Bopz, de Infectieziektenwet en de Wet op de lijkbezorging.
De begeleider heeft ook een geheimhoudingsplicht tegenover allerlei instanties, zoals de politie en uitkeringsinstanties. Hij mag de informatie over een cliënt alleen verstrekken met toestemming van de cliënt.
Het doorbreken van de geheimhoudingsplicht is *wel* gerechtvaardigd als de begeleider een beroep kan doen op een conflict van plichten. De begeleider mag de plicht tot geheimhouding schenden omdat er een andere, zwaarder wegende plicht bestaat waaraan hij moet voldoen. Als een begeleider een dergelijk beroep overweegt, moet hij de volgende criteria nalopen:
1 het is niet mogelijk om toestemming aan de cliënt, indien wilsonbekwaam ter zake zijn vertegenwoordiger, te vragen dan wel te verkrijgen;
2 het handhaven van de zwijgplicht brengt de begeleider in gewetensnood;
3 het niet doorbreken van het geheim levert voor een ander ernstige schade op;
4 het moet vrijwel zeker zijn dat door het doorbreken van het geheim die schade aan de ander kan worden voorkomen of beperkt;
5 er is geen andere weg dan doorbreking van het geheim om het probleem op te lossen;
6 het geheim wordt zo beperkt mogelijk geschonden.

Bijzondere situatie

Het doorbreken van de geheimhoudingsplicht kan ook aan de orde zijn als een cliënt in het bezit is van wapens. De algehele stelregel is dat het onaanvaardbaar is dat cliënten wapens bij zich dragen als zij verblijven in een instelling. De instelling mag in dat geval de wapens innemen en overdragen aan de politie. Daarbij vermeldt zij niet de persoonsgegevens van de cliënt, tenzij sprake is van geweest van een strafbaar feit (cliënt had bijvoorbeeld bewust de wapens meegenomen om begeleiders of cliënten te verwonden). Als het gaat om messen, honkbalknuppels of andere gevaarlijke voorwerpen zal de instelling de cliënt erop wijzen dat deze moeten worden ingeleverd tijdens het verblijf in de instelling. Als de cliënt dit weigert, kan dit een reden zijn om de cliënt niet toe te laten of de zorg- en dienstverleningsovereenkomst op te zeggen. De instelling kan dit pas doen nadat de cliënt voldoende is gewaarschuwd.

6.2.2.2 RUIMTELIJKE PRIVACY

De Wgbo besteedt ook aandacht aan de ruimtelijke privacy van cliënten. Een begeleider is verplicht om ondersteuning te bieden aan cliënten, buiten de waarneming van anderen dan de cliënt. Onder anderen verstaat de wetgever: cliënten, familieleden (voor zover geen vertegenwoordiger van de cliënt) en bezoekers. Daarnaast worden ook als anderen beschouwd: begeleiders, stagiaires en onderzoekers waarvan de medewerking niet noodzakelijk is in het kader van de geboden ondersteuning. Als een cliënt toestemming geeft voor de aanwezigheid van anderen, mogen zij wel aanwezig zijn.
Onder anderen worden niet verstaan begeleiders of andere hulpverleners die rechtstreeks bij de verzorging van een cliënt betrokken zijn. Maar als een cliënt in bad gaat, is het voldoende als één begeleider toezicht houdt. Pas als de cliënt weer uit bad moet worden getild of verplaatst moet worden naar een andere ruimte, mag de hulp worden ingeschakeld van andere begeleiders.
Ook de vertegenwoordiger van een cliënt valt buiten het begrip anderen. Dit betekent dat een vertegenwoordiger aanwezig mag zijn bij het verrichten van bepaalde handelingen en bij bezoeken aan de huisarts en de tandarts. Een wilsbekwame cliënt behoudt echter de mogelijkheid om aan te geven dat hij de aanwezigheid van zijn vertegenwoordiger niet op prijs stelt. Een wilsonbekwame cliënt kan zich ook verzetten tegen de aanwezigheid van anderen. Een begeleider kan in dat geval, door een beroep te doen op zijn goed begeleiderschap, besluiten om de vertegenwoordiger niet toe te laten in een bepaalde ruimte. Van belang is dat hij deze beslissing goed motiveert en voorlegt aan andere teamleden. De Wgbo veronderstelt dat een cliënt tegenover zijn vertegenwoordiger ook recht op privacy heeft.

Het begrip 'waarneming' uit de Wgbo kan heel ruim worden opgevat en hoeft niet beperkt te blijven tot het visuele aspect. De uitvoering van bepaalde handelingen mag ook niet hoorbaar zijn voor anderen. De privacy is beter gewaarborgd als een gesprek plaatsvindt in een aparte kamer in plaats van in een ruimte waar meerdere cliënten verblijven.

6.2.3 PRIVACY EN DE WET BESCHERMING PERSOONSGEGEVENS (WBP)

In de Wbp wordt ook een deel van de inhoud van artikel 10 en 11 Grondwet nader uitgewerkt. Deze wet beperkt zich tot de informationele privacy. Centraal staat het begrip 'persoonsgegevens'. Het gaat om gegevens die direct of indirect informatie geven over een cliënt. Ook is van belang dat de gegevens te herleiden zijn tot de cliënt.

In de Wbp worden strenge eisen gesteld aan het verwerken van persoonsgegevens. Onder verwerken wordt verstaan het verzamelen, vastleggen, ordenen, bewaren, bijwerken en wijzigen van gegevens. Persoonsgegevens mogen alleen worden verwerkt 'voor zover dat met het oog op een goede behandeling of verzorging van de cliënt noodzakelijk is'. Deze bepaling laat veel ruimte over aan begeleiders. Duidelijk is dat in het kader van het bieden van ondersteuning aan cliënten gegevens mogen worden verzameld en vastgelegd in een ondersteuningsplan.

6.2.4 PRIVACY EN DE WET BIJZONDERE OPNEMINGEN IN PSYCHIATRISCHE ZIEKENHUIZEN (WET BOPZ)

De Wet Bopz maakt het mogelijk dat vrijheidsbeperkende maatregelen worden toegepast bij cliënten die onvrijwillig zijn opgenomen. Toepassingen van deze maatregelen leiden onvermijdelijk tot inbreuken op de persoonlijke levenssfeer en de lichamelijke integriteit van cliënten. In de wet staat omschreven wanneer een begeleider vrijheidsbeperkende maatregelen mag toepassen (zie hoofdstuk 5).
De Wet Bopz bevat een aantal bepalingen die de informationele privacy van onvrijwillig opgenomen cliënten beschermen. In de wet is bepaald welke gegevens in het dossier van een cliënt moeten worden opgenomen als het gaat om vrijheidsbeperking. Met name de voortgang van het ondersteuningsplan en de medewerking aan het plan moeten goed worden bijgehouden. Ook dienen de vrijheidsbeperkende maatregelen die in het ondersteuningsplan zijn opgenomen regelmatig te worden geëvalueerd.
Indien een cliënt wordt overgeplaatst naar een andere instelling kan zijn dossier zonder zijn toestemming worden overgedragen aan de hulpverlener die op dat moment verantwoordelijk is voor de ondersteuning, bijvoorbeeld de arts of pedagoog. Het recht op privacy is in dit geval ondergeschikt aan de ondersteuning die de cliënt ontvangt. Aan de onvrijwillig opgenomen cliënt wordt ook geen toestemming gevraagd als gegevens over vrijheidsbeperkende maatregelen worden uitgewisseld. In de Wet Bopz is daarnaast niet een mogelijkheid opgenomen dat een bepaalde gebeurtenis, op verzoek van de cliënt, niet wordt

medegedeeld aan zijn vertegenwoordiger. Dit is een hiaat in de huidige wetgeving. De Wet Bopz erkent het zelfbeschikkingsrecht van cliënten, maar erkent niet het recht van de cliënt zelf te bepalen dat zijn vertegenwoordiger bepaalde informatie niet te horen krijgt. Op basis van de plicht tot goed begeleiderschap en de bepalingen die in de Wgbo zijn opgenomen, kun je daar als begeleider en ook als team wel zorgvuldig mee omgaan en op zijn tijd de wens van een cliënt respecteren.
In de Wgbo is de bewaartermijn van een dossier 15 jaar na ontslag van een cliënt. Voor cliënten die onvrijwillig zijn opgenomen geldt een bewaartermijn van 5 jaar na beëindiging van hun behandeling in het kader van de Wet Bopz; de gegevens worden langer bewaard indien en voor zover goed begeleiderschap dit vereist. De gegevens die in het kader van de Wet Bopz zijn vastgelegd, mogen niet eerder dan de voorgeschreven 5 jaar vernietigd worden, zelfs niet op verzoek van de cliënt.

6.2.5 PRIVACY EN DE WET KLACHTRECHT CLIËNTEN ZORGSECTOR (WKCZ)

De Wet Klachtrecht cliënten zorgsector biedt aan cliënten de mogelijkheid om een klacht in te dienen. De bepalingen uit deze wet worden uitgewerkt in een klachtenregeling die door de instelling zelf wordt opgesteld. De privacy van cliënten komt ook hier om de hoek kijken. Van de instelling wordt verwacht dat zij vastlegt op welke wijze inzage wordt verkregen in het dossier van de klager (de cliënt). Uit de Wgbo kan worden afgeleid dat 'bij gebruikmaking van informatie uit het dossier sprake is van doorbreking van de geheimhoudingsplicht van de hulpverlener'. Deze doorbreking is alleen mogelijk als de cliënt daar zelf toestemming voor geeft, bij voorkeur schriftelijk.

In de *Klachtenrichtlijn Gezondheidszorg* (2004) staat dat het verzoek om inzage in of afschrift van het dossier niet verder moet gaan dan voor het onderzoek strikt noodzakelijk is. Zodra een cliënt toestemming heeft gegeven voor inzage in zijn dossier, moet ook de behandelaar/begeleider meewerken aan het verzoek van de klachtencommissie. Daarbij moet hij wel in de gelegenheid worden gesteld om passages over 'derden' te verwijderen.

6.3 Wettelijke basis voor het recht op informatie als burgerrecht

6.3.1 INLEIDING

In internationale en Nederlandse wetgeving is het uitgangspunt dat elke cliënt, ongeacht zijn juridische status, leeftijd of beperking, recht heeft op informatie over zijn welbevinden. Dit recht is een uitwerking van het recht op zeggenschap van een cliënt. Een cliënt heeft voldoende informatie nodig om de regie over zijn eigen leven te kunnen voeren. Daarnaast draagt de informatieplicht van de begeleider ook bij aan een goede relatie tussen de begeleider en de cliënt. Het goed informeren van de cliënt bevordert de vertrouwensrelatie tussen de cliënt en de begeleider en geeft blijk van respect voor de cliënt. Een eerlijke en open dialoog komt uiteindelijk ook ten goede aan de ondersteuning die je als begeleider biedt aan een cliënt.

Het recht op informatie hangt nauw samen met andere rechten zoals het recht op privacy en het recht op toestemming. Informatie vormt de basis voor het toestemming geven voor een behandeling of ondersteuning. In de Wgbo is zowel het recht op informatie als het recht om toestemming te geven vastgelegd. Het recht op informatie kan op verzoek van een cliënt worden beperkt. Hij kan zich beroepen op zijn recht op niet-weten. Als een begeleider evenwel besluit om informatie achter te houden voor een cliënt, moet hij zich houden aan strikte voorwaarden die in de wet worden genoemd.

6.3.1.1 HET RECHT OP INFORMATIE NADER UITGEWERKT IN NEDERLANDSE WETGEVING

Het recht op informatie is een uitwerking van artikel 10 en 11 van de Grondwet (zie paragraaf 6.2.1). Uit beide artikelen kan worden afgeleid dat de begeleider een plicht tot informeren heeft. Ook maken beide artikelen duidelijk dat het recht op informatie en het recht op toestemming onlosmakelijk met elkaar samenhangen. Om toestemming te kunnen geven voor een medische behandeling of voor een vorm van ondersteuning, moet de cliënt voldoende geïnformeerd zijn. Dat geldt bijvoorbeeld bij een verhuizing of verandering van dagbesteding.

6.3.2 INFORMATIE EN DE WET OP DE GENEESKUNDIGE BEHANDELINGSOVEREENKOMST (WGBO)

Recht op informatie

De hulpverlener licht de cliënt op duidelijke wijze, en desgevraagd schriftelijk, in over het voorgenomen onderzoek en de voorgestelde behandeling en over de ontwikkelingen omtrent het onderzoek, de behandeling en de gezondheidstoestand van de cliënt. De hulpverlener licht een cliënt die de leeftijd van 12 jaar nog niet heeft bereikt op zodanige wijze in als past bij zijn bevattingsvermogen (artikel 7:447 BW).

De regels over dossierplicht en privacy staan beschreven onder 'de wettelijke basis voor het recht op privacy als burgerrecht' (zie paragraaf 6.2.2.1).

Het recht op informatie, en het daarmee samenhangende recht op toestemming, is nader uitgewerkt in de Wet op de geneeskundige behandelingsovereenkomst (Wgbo). In deze wet staan geen bijzondere bepalingen over mensen met een beperking. De hoofdregel is dat de begeleider de cliënt duidelijk moet inlichten. Deze uitleg kan mondeling plaatsvinden en hoeft alleen schriftelijk te worden gegeven als de cliënt daar expliciet om vraagt. Gedacht vanuit goed begeleiderschap is het belangrijk om de informatie, zeker als het gaat om ingrijpende beslissingen, ook schriftelijk, aangepast aan het niveau van de cliënt, uit te reiken en in het ondersteuningsplan van de cliënt hiervan aantekening te maken.

Een belangrijk aspect van het recht op informatie is dat deze duidelijk en begrijpelijk wordt medegedeeld. In de wet wordt opgemerkt dat elke cliënt, ook als hij jonger is dan 12 jaar, wordt geïnformeerd over de zaken die hij redelijkerwijs dient te weten. Dit criterium laat veel ruimte over aan de invulling van de begeleider. Het begrip 'redelijkerwijs' geeft aan dat de begeleider zijn informatieverstrekking behoort af te stemmen op de individuele situatie. Bepalend is het antwoord op de vraag: welke informatie heeft deze persoon in de gegeven omstandigheden nodig om een beslissing te nemen? Van belang is dat de informatie past bij het niveau van de cliënt, in de wet ook wel genoemd 'het bevattingsvermogen' van een cliënt. Dit betekent dat ook mensen met een verstandelijke beperking recht op informatie hebben, onafhankelijk van de vraag of zij wilsbekwaam dan wel wilsonbekwaam zijn. Dit geldt ook als het gaat om 'gevoelige' informatie over bijvoorbeeld het thema seksualiteit. Het is aan de begeleider om in te schatten en ook af te tasten wat een cliënt al aan informatie heeft, wat hij begrijpt en op welke wijze de informatie aan de cliënt verteld moet worden. Een begeleider kan daarbij gebruik maken van diverse hulpmiddelen zoals pictogrammen en videobeelden.

De Wgbo verplicht de begeleider, in verband met de keuze die moet worden gemaakt, tot het verstrekken van duidelijke, begrijpelijke en desgevraagd schriftelijke informatie over de volgende elementen:

- Het soort beslissing dat genomen moet worden. Het kan in dit geval gaan om een onderzoek, een behandeling of een ondersteuningsaanbod.
- De te verwachten gevolgen en risico's van de beslissing voor de gezondheid van de cliënt (pijn, bijwerkingen).
- Alternatieven voor de beslissing.
- De gezondheidstoestand van de cliënt en de prognose: verbetert de gezondheid van de cliënt of stabiliseert deze?

De omvang van de informatieplicht kan per cliënt en per situatie verschillen. De wet noemt hiervoor geen standaardregels. Er is wel een aantal vuistregels dat de omvang van de informatieplicht bepaalt:

- Naarmate de beslissing ingrijpender, ongebruikelijker of experimenteler is, moet de begeleider meer en specifiekere informatie geven.

- Naarmate de frequentie van een risico groter en/of de aard van het risico ernstiger is, neemt de omvang van de informatieplicht toe.
- Bij een behandeling die niet medisch geïndiceerd is (zoals vormen van esthetische chirurgie) worden aan de informatieplicht hogere eisen gesteld.
- De begeleider bespreekt ook de mogelijkheid en consequenties van niet behandelen.
- Wanneer daartoe aanleiding is, valt onder de informatieplicht ook het noemen van een alternatief dat elders aanwezig is.
- Specifieke omstandigheden van de cliënt kunnen aanleiding zijn om uitvoeriger informatie te geven.
- Vragen van de cliënt worden zoveel mogelijk beantwoord.

De informatieplicht heeft wel een aantal grenzen. De begeleider hoeft een cliënt niet te informeren over elk mogelijk risico. Het doel is dat de cliënt op grond van de verstrekte informatie een weloverwogen beslissing kan nemen. Het is goed hierbij de volgende afwegingen te maken: Hoe groot zijn de risico's? Hoe zou de situatie zich kunnen ontwikkelen als niet ingegrepen wordt? Zijn er alternatieven? Hoe reageert de cliënt?

De volgende twee uitzonderingen gelden ten aanzien van het informeren van cliënten: therapeutische exceptie en het recht op niet-weten.

1 *Therapeutische exceptie*

Een begeleider mag alleen in uitzonderlijke situaties informatie achterhouden voor een cliënt. In de wet wordt gesproken over 'kennelijk ernstig nadeel voor de cliënt'.
Het gaat in dit geval om de verhouding tussen twee variabelen: de aard van de informatie enerzijds en het vermogen van de cliënt om deze informatie te verwerken anderzijds.
Een situatie die een beroep op therapeutische exceptie rechtvaardigt, is bijvoorbeeld een cliënt die niet goed in zijn vel zit en door het horen van slecht nieuws in een psychische crisis zal belanden, wat mogelijk kan leiden tot zelfverwonding of een suïcidepoging. De begeleider moet hiervoor wel een gegrond vermoeden hebben, bijvoorbeeld dat de cliënt al eerder een poging tot suïcide heeft ondernomen of zichzelf verwond heeft. Dit voorbeeld maakt duidelijk dat het daadwerkelijk om een ernstige situatie moet gaan.
Een begeleider mag een beslissing tot het achterhouden van informatie nooit alleen nemen: hij moet altijd overleggen met een collega. Dit wordt ook wel *collegiale toetsing* genoemd. De beslissing moet ook worden vastgelegd in het ondersteuningsplan met een goede motivatie. Daarnaast is het wel mogelijk om de informatie aan anderen mee te delen. Dit mag alleen als het in het belang van de cliënt is. Bijvoor-

beeld als familie of naasten van een cliënt de cliënt in het weekend thuis verzorgen en in het kader van de behandeling of ondersteuning van de cliënt bepaalde gedragsregels in acht moeten nemen.

Zodra er geen sprake meer is van een kennelijk ernstig nadeel voor de cliënt moet de informatie alsnog aan de cliënt worden gegeven. Denkbaar is ook dat de informatie opgeknipt wordt en niet alle informatie tegelijk wordt gegeven.

In hoofdstuk 2 hebben we het recht op inzage behandeld. Dit recht gaat ook over gegevens die in het kader van de therapeutische exceptie zijn achtergehouden voor een cliënt. Mocht een dergelijke situatie zich voordoen, dan is het van belang dat de begeleider de cliënt op dat moment zo goed mogelijk begeleidt. De cliënt wordt immers geconfronteerd met informatie waarvan hij niet op de hoogte was.

2 Het recht op niet-weten

De cliënt kan ook zelf aangeven dat hij over een bepaalde situatie geen informatie wil ontvangen. Hij wil bijvoorbeeld niet de uitslag van een test weten, of de prognose van een ziekte, of hij wil niets meer weten over zijn familie. De cliënt kan dat zeggen, maar ook met zijn gedrag kan de cliënt aangeven niet te willen weten.
De begeleider moet deze wens in beginsel respecteren. Het kan echter zijn dat de wens van de cliënt niet opweegt tegen het nadeel wat daaruit voor hemzelf of anderen voortvloeit. Te denken valt aan een ziekte die besmettelijk is voor andere cliënten. De begeleider moet beide belangen tegen elkaar afwegen. Een ander voorbeeld is het moment waarop de vader of moeder van een cliënt overlijdt en de cliënt heeft aangegeven geen contact meer te willen met zijn ouders. Het is dan de taak van de begeleider om, in overleg met het team, een oordeel te geven over de informatie en het verstrekken ervan.

Recht op informatie en wilsonbekwaamheid

De aanwezigheid van een ouder, mentor of curator is niet van invloed op het recht op informatie van een cliënt. Elke cliënt, ongeacht zijn juridische status (vrijwillig of onvrijwillig opgenomen), wel of geen (wettelijk) vertegenwoordiger, minderjarig of meerderjarig, heeft recht op informatie. Dit recht hangt niet samen met de vraag of een cliënt in staat is tot een redelijke waardering van zijn belangen om toestemming te kunnen geven voor behandeling of ondersteuning. Zo is in de wet vastgelegd dat minderjarigen die de leeftijd van 12 jaar nog niet hebben bereikt en daardoor zelfstandig nog geen beslissing mogen nemen, wel moeten worden geïnformeerd door een begeleider. Dit geldt ook als een mentor of ouder aanwezig is tijdens een bespreking van het ondersteuningsplan of op het moment dat een beslissing moet worden genomen. Het recht op informatie is niet afhankelijk van de mate van wilsbekwaamheid van een cliënt. Van belang is wel dat de begeleider zijn informatie aanpast aan het niveau van de cliënt.

Informed consent

Informatie en toestemming vormen twee belangrijke elementen om ondersteuning te kunnen bieden aan een cliënt. Gezamenlijk worden de begrippen ook wel 'informed consent' genoemd: geïnformeerde toestemming. Een cliënt geeft op grond van de informatie die hij van zijn begeleider heeft gekregen toestemming voor behandeling of ondersteuning. Beide elementen bepalen ook de sfeer van de begeleider-cliëntrelatie, die beschouwd kan worden als een vertrouwensrelatie. Zowel de begeleider als de cliënt moeten over en weer vertrouwelijke informatie kunnen uitwisselen (zie hiervoor ook hoofdstuk 3). Als een begeleider onvoldoende informatie geeft, informatie onterecht achterhoudt of de verkeerde informatie geeft, heeft dit ook gevolgen voor de beslissing die de cliënt neemt. De informatieplicht beperkt zich niet tot het verkrijgen van toestemming, maar geldt ook tijdens de gehele duur van het proces. Bijvoorbeeld de informatie over de voortgang van de verhuizing, over leefregels na een operatie en over de door de begeleider geboden (na)zorg als een cliënt naar een meer zelfstandige woonvorm verhuist. Het recht op toestemming wordt verder uitgewerkt in 'wettelijke basis voor het recht op zeggenschap als burgerrecht' (zie paragraaf 6.4.3).

6.3.3 INFORMATIE EN OVERIGE WETGEVING

Hoewel het recht op informatie is vastgelegd in de Wgbo, werkt de bepaling ook door in andere wetgeving. De uitgangspunten van deze wet gelden voor elke cliënt, ongeacht of hij vrijwillig dan wel onvrijwillig is opgenomen. De Wet Bopz kent ook het uitgangspunt dat cliënten goed geïnformeerd moeten worden over hun behandeling en dan in het bijzonder als het gaat om het toepassen van vrijheidsbeperking.

Het recht op informatie werkt ook door in het klachtrecht. Informatie over de klachtenprocedure dient in voor cliënten begrijpelijke taal aanwezig te zijn. Dit is geregeld in de Wet klachtrecht cliënten zorgsector (Wkcz). De klachtencommissie heeft de verplichting om in heldere bewoordingen aan de cliënt uit te leggen hoe de klachtenprocedure werkt. Hetzelfde geldt voor medezeggenschap, geregeld in de Wet medezeggenschap cliënten zorginstellingen (Wmcz): de instelling heeft de verplichting om vergaderstukken in begrijpelijke taal uit te leggen of op te schrijven. De instelling heeft ook de taak om cliënten op een passende manier te informeren over onder andere het bestaan van een cliëntvertrouwenspersoon, een klachtencommissie en een cliëntenraad.

6.4 Wettelijke basis voor het recht op zeggenschap als burgerrecht

6.4.1 INLEIDING

Het recht op zeggenschap[4] wordt gezien als een individueel vrijheidsrecht: een cliënt is vrij om te beslissen hoe hij zijn leven wil inrichten. Ook mensen met een verstandelijke beperking moeten de mogelijkheid hebben om, ieder op hun eigen manier, richting te kunnen geven aan hun leven. Recht op zeggenschap geldt voor iedereen. Het enkele feit dat cliënten niet in staat zouden zijn om dit recht volledig zelfstandig uit te oefenen, vormt geen reden om dit recht af te nemen of te beperken. Het behoort tot de taken van een goede begeleider om de zeggenschap van cliënten te bevorderen, ongeacht de mate van hun beperking. Deze houding is in het bijzonder van belang omdat cliënten vaak afhankelijk zijn van zeer veel hulpverleners en van hun vertegenwoordiger(s). Tijdens hun verblijf krijgen ze regelmatig te maken met dwang en drang dat tot een beperking van het recht op zeggenschap leidt. Dwang en drang zijn beide vormen van beïnvloeding waarmee wordt beoogd een cliënt iets te laten ondergaan of tot bepaald handelen of nalaten aan te zetten. Het geven van (neutrale) informatie is nog vrijblijvend, adviseren is dat al iets minder, overreding nog minder, drang nóg minder. En bij dwang worden keuzemogelijkheden voor de cliënt uitgesloten. De ander bepaalt of de cliënt wel of geen medicijnen krijgt, de ander bepaalt dat de cliënt afgezonderd wordt. Een begeleider behoort zorgvuldig met deze inbreuken om te gaan omdat anders het gevaar bestaat dat de zeggenschap van cliënten te snel opzij wordt geschoven.

Zeggenschap moet altijd worden gezien in relatie met de omgeving, de sociale context. Als een cliënt samen met andere cliënten in een groep woont, zal hij met hen rekening moeten houden. De zeggenschap van een cliënt mag echter niet ten koste gaan van de zeggenschap van andere cliënten.

De basis voor het recht op zeggenschap is te vinden in de Nederlandse Grondwet (zie paragraaf 6.2.1). De boodschap van artikel 10 Grondwet is dat een cliënt zelf beslist over wie inzage mag hebben in zijn privacygevoelige gegevens. Op grond van artikel 11 Grondwet mag niet zonder de toestemming van een cliënt een onderzoek, een behandeling of een operatie bij hem worden uitgevoerd. Beide rechten vormen een uitwerking van het recht op zeggenschap en worden verder uitgewerkt in diverse wetten waaronder de Wet Bopz en de Wgbo.

---

[4] In dit boek gebruiken we de term 'recht op zeggenschap' in plaats van de term 'zelfbeschikkingsrecht' omdat deze term minder juridisch is en meer gebaseerd is op het taalgebruik in de praktijk.

6.4.2 HET RECHT OP ZEGGENSCHAP EN WILSONBEKWAAMHEID

Het uitgangspunt in de zorg voor mensen met een beperking is dat alle cliënten in staat zijn om hun wil te bepalen, tenzij het tegendeel blijkt. In beginsel is dus elke cliënt wilsbekwaam. Wilsonbekwaamheid is geen eigenschap van mensen met een verstandelijke beperking en kan per beslissing verschillen. In de wet wordt ook wel gesproken over ´wilsbekwaam ter zake´.

In de wet is niet bepaald op welke wijze wilsonbekwaamheid moet worden vastgesteld. Het verdient aanbeveling dat de vaststelling van wilsonbekwaamheid zorgvuldig wordt besproken tijdens een teambespreking, een multidisciplinair overleg of een bespreking van het ondersteuningsplan. Belangrijk is dat alle begeleiders binnen een team op dezelfde lijn zitten als het om de beoordeling van wilsonbekwaamheid gaat. Uit de literatuur kan worden afgeleid dat naarmate de gevolgen van de beslissing ingrijpender zijn, hogere eisen mogen worden gesteld aan het besluitvormingsvermogen van een cliënt. Het feit dat een cliënt weigert om zijn kamer op te ruimen mag eerder worden geaccepteerd dan een weigering van dezelfde cliënt om zijn medicijnen in te nemen. De mate van ingrijpendheid van een beslissing heeft ook gevolgen voor het besluitvormingsproces. Als het om alledaagse dingen gaat, mag van een begeleider worden verwacht dat hij een inschatting kan maken van de mate van wilsonbekwaamheid van een cliënt. Als het echter om ingrijpende beslissingen gaat, moet de arts en/of gedragskundige bij de besluitvorming worden betrokken.

In 2004 is een stappenplan opgesteld dat een toetsingskader vormt voor begeleiders die een oordeel moeten geven over de wils(on)bekwaamheid van een cliënt (Witmer & De Roode, 2004). Afhankelijk van de situatie kan een of meerdere stappen achterwege worden gelaten.

Enkele onderdelen van dit stappenplan zijn:

- Stel de aanleiding voor de beoordeling van wilsbekwaamheid vast.
- Ga na of de wilsbekwaamheid formeel moet worden beoordeeld.
- Bereid de cliënt voor op de beoordeling van wilsbekwaamheid.
- Evalueer regelmatig de beslisvaardigheid van de cliënt.
- Pleeg overleg met andere betrokken begeleiders, hulpverleners en de vertegenwoordiger.
- Bezie het oordeel over wilsbekwaamheid zoveel mogelijk los van de ernst en de gevolgen van de beslissing. Hoe ingrijpender een beslissing echter is, hoe meer zorgvuldigheid in acht genomen moet worden.
- Neem extra zorgvuldigheidseisen voor de beoordeling van wilsbekwaamheid in acht als een cliënt zich verzet tegen ondersteuning, onderzoek en/of behandeling. In dat geval moet zorgvuldig worden gekeken naar de noodzaak van het onderzoek en/of de behandeling, de kans op succes, het gevaar en de belasting voor

de cliënt, de indicatiestelling en de somatische, psychische en sociale gevolgen van het wel of niet onder dwang behandelen. Ook is overleg met een collega aan te bevelen.

Een begeleider heeft de taak om elke keer opnieuw na te gaan of een cliënt in staat is om een beslissing te nemen. Cliënten die zich verbaal niet kunnen uiten, zijn niet per definitie wilsonbekwaam. Dit uitgangspunt geldt in het bijzonder voor mensen met een ernstige verstandelijke beperking. Het is voor deze groep cliënten niet realiseerbaar om financiële beslissingen te nemen of toestemming te geven voor een behandeling. Een cliënt met een ernstige verstandelijke beperking kan echter wel door zijn gedrag aangeven wat hij prettig vindt en hoe hij benaderd wil worden. Ook deze aspecten moeten bij het vraagstuk wilsbekwaamheid meegenomen worden. Wilsonbekwaamheid is overigens niet hetzelfde als handelingsonbevoegd en handelingsonbekwaam.

Handelingsonbekwaam en handelingsonbevoegd
Veel cliënten met een verstandelijke beperking hebben een (wettelijk) vertegenwoordiger zoals een ouder, curator, mentor en/of bewindvoerder. De aanwezigheid van een vertegenwoordiger maakt een cliënt *niet* wilsonbekwaam, maar wel handelingsonbevoegd op bepaalde gebieden (als de cliënt een mentor heeft) of handelingsonbekwaam (als de cliënt onder curatele staat). Zo mag een cliënt die een curator heeft op grond van zijn *handelingsonbekwaamheid* niet zelfstandig (maar wel met toestemming van de curator) rechtshandelingen verrichten, waaronder het kopen van een huis of het sluiten van een huurovereenkomst. Een curator kan niet als vertegenwoordiger optreden als het gaat om hoogstpersoonlijke beslissingen zoals het opstellen van een wilsverklaring, het invullen van een donorcodicil, het uitbrengen van een stem tijdens de Tweede Kamerverkiezingen, het opstellen van een testament of het sluiten van een huwelijk. Als een onder curatele gestelde toch wil trouwen of een testament wil opstellen moet de kantonrechter hiervoor toestemming geven. Vanaf 2009 hebben mensen die onder curatele staan toch het recht hun stem uit te brengen bij de verkiezingen. Daarvoor is een grondwetswijziging doorgevoerd. Handelingsonbekwaamheid heeft als voordeel dat de rechter een rechtshandeling, verricht door een cliënt die een curator heeft, eenvoudig kan terugdraaien. Niet relevant is of de andere partij op de hoogte was van het curatorschap. Een cliënt die een mentor heeft, is handelingsonbevoegd als het gaat om het verrichten van rechtshandelingen die samenhangen met verzorging, verpleging, behandeling en begeleiding.
In de Wgbo en de Wet Bopz wordt de volgende belangrijke uitzondering gemaakt op de handelingsonbevoegdheid en -onbekwaamheid: een cliënt die een vertegenwoordiger heeft, maar wilsbekwaam is als het gaat om zijn zorg- en dienstverleningsovereenkomst of zijn onder-

steuningsplan, mag daarvoor zelf toestemming geven. De wens van de cliënt staat ook voorop als hij zijn wil niet (goed) kan aangeven en de rechter een wettelijk vertegenwoordiger heeft benoemd. Pas als door een begeleider is vastgesteld dat de cliënt wilsonbekwaam is, komt de vertegenwoordiger in beeld en mag hij de belangen van een cliënt behartigen. De vertegenwoordiger heeft vervolgens de taak om zoveel mogelijk uit te gaan van de wens van de cliënt. De handelingsonbevoegdheid en handelingsonbekwaamheid van een cliënt zijn dus niet bepalend om een oordeel te geven over de mate van wilsonbekwaamheid van een cliënt.

Beperkingen aan het recht op zeggenschap

Het recht op zeggenschap van cliënten is niet onbeperkt. Hierboven zetten we al uiteen dat wilsbekwaamheid van cliënten een belangrijke voorwaarde is voor de mate van zeggenschap. Daarnaast betekent de aanwezigheid van een vertegenwoordiger niet dat een cliënt geen recht op zeggenschap meer heeft. Kortom, wat zijn 'harde juridische criteria' voor een begeleider om invulling te kunnen en mogen geven aan zeggenschap? Een beperking van dit recht moet voldoen aan strenge eisen. Zo kan het uitgangspunt van dit rechtsbeginsel zoveel mogelijk in stand gehouden worden: elke cliënt kan zelf beslissen over datgene wat er met hem gebeurt.

In de zorg voor mensen met een verstandelijke beperking spelen twee beperkingen in relatie tot het recht op zeggenschap een belangrijke rol: het *voorkomen van schade aan de cliënt zelf* en *schade aan anderen*. Dit betekent dat de invulling van het recht op zeggenschap per situatie en per cliënt kan verschillen. Bij gevaar voor de cliënt zelf kan het gaan om automutilerend gedrag, gedragsproblemen, de kans om 's nachts uit bed te vallen en diverse andere situaties waarin een cliënt niet kan overzien welke gevolgen zijn handelen heeft. De mate waarin een begeleider mag ingrijpen, hangt nauw samen met de mate van wilsbekwaamheid van een cliënt. Als een cliënt in staat is om zelf een beslissing te nemen over een verhuizing, over zijn geld of het wel of niet ondergaan van een operatie en daarvan ook de consequenties inziet, mag zijn recht op zeggenschap niet worden beperkt. Het feit dat een cliënt in de ogen van de begeleider een verkeerde beslissing neemt of bij de uitvoering van zijn besluit tegenslag ondervindt, mag er niet toe leiden dat een cliënt niet zelf een keuze mag maken. Ook mensen met een verstandelijke beperking moeten de mogelijkheid hebben om, ook op grond van hun recht op ontplooiing, ervaringen op te doen, mits zij geen schade veroorzaken aan anderen. De situatie verandert als een cliënt wilsonbekwaam is: op dat moment heb je als begeleider het recht om de zelfbepaling van een cliënt te beperken. In de Wgbo wordt deze beperking op zeggenschap nader uitgewerkt. In de Wet Bopz wordt op een andere wijze een uitzondering gemaakt op het recht op zeggenschap. In deze wet is bepaald dat een cliënt in zijn vrijheid mag worden beperkt. Dit kan als hij onvrijwillig is opgenomen ten gevolge van zijn stoornis, in dit geval een verstandelijke beperking, en een gevaar voor zichzelf vormt. Het maakt daarbij niet uit of hij wilsbekwaam dan wel wilsonbekwaam is, Het gaat op dat moment niet om een somatische ingreep of een ondersteuningsvraag, maar om de toepassing van vrijheidsbeperking die nauw samenhangt met de 'verstandelijke beperking' van een cliënt. Van belang is dat de begeleider op dat moment zoveel mogelijk rekening houdt met de wensen, keuzes of acties van een cliënt. Een belangrijke aanvullende voorwaarde is dat de vrijheidsbeperking een bijdrage levert aan het welzijn van de betrokkene, ofwel de ontwikkelingsmogelijkheden van een cliënt.

Een cliënt die goed kan bepalen wat voor werk hij wil doen en waar en met wie hij wil wonen zonder dat hij schade veroorzaakt aan andere cliënten, kan toch in zijn vrijheid worden beperkt als hij, ten gevolge van zijn verstandelijke beperking, een gevaar vormt voor anderen. Het gaat dan bijvoorbeeld om zaken als zelfstandig fietsen. Het recht op zeggenschap van een cliënt moet in het kader van zijn verdere ontwikkeling op zoveel mogelijk terreinen in stand worden gehouden. Deze gedachtegang sluit ook aan bij het recht op ontplooiing. Zodra het handelen van de cliënt echter schade veroorzaakt aan andere cliënten, mag een begeleider ingrijpen. De vrijheid en ontplooiing van de ene cliënt wordt op deze manier gewaarborgd door de vrijheid en ontplooiing van de andere cliënt op dat moment te beperken.

Om te voorkomen dat te snel een inbreuk wordt gemaakt op het recht op zeggenschap, dient de motivering sterker te zijn naarmate de inbreuken meer de intieme sfeer en de lichamelijke en geestelijke integriteit van een cliënt raken. De criteria subsidiariteit, proportionaliteit en effectiviteit zijn in dat kader van belang:

- *Subsidiariteit*: een inbreuk op het recht op zeggenschap is pas aan de orde als er geen ander alternatief voorhanden is.
- *Proportionaliteit*: er bestaat een redelijke verhouding tussen het doel van de inbreuk en het gevolg ervan.
- *Effectiviteit*: de inbreuk wordt beëindigd zodra de noodzaak daartoe niet meer aanwezig is.

Het is echter onontkoombaar dat het recht op zeggenschap van mensen met een verstandelijke beperking van tijd tot tijd wordt beperkt. Maar vanuit de ontplooiingsgedachte is het van belang dat deze tijdelijke beperkingen, zoals afzonderen of fixeren, niet langer duren dan noodzakelijk is. Op deze wijze kunnen cliënten in de verstandelijk gehandicaptenzorg weer zo snel mogelijk (een deel van) hun recht op zeggenschap uitoefenen.

6.4.2.1 HET RECHT OP ZEGGENSCHAP NADER UITGEWERKT IN NEDERLANDSE WETGEVING

Het recht op zeggenschap komt niet als zodanig in de wet voor, maar is wel terug te vinden in enkele artikelen van de Grondwet, waaronder artikel 10 en 11. De inhoud van deze artikelen is nader uitgewerkt in de Wet op de geneeskundige behandelingsovereenkomst (Wgbo) en de Wet Bijzondere opnemingen in psychiatrische ziekenhuizen (Wet Bopz). Ook in deze wetten wordt niet gesproken van een recht op zeggenschap. Verder wordt in de regelingen mentorschap, bewindvoering en curatele het een en ander gezegd over het recht op zeggenschap.

6.4.3 ZEGGENSCHAP EN DE WET OP DE GENEESKUNDIGE BEHANDELINGSOVEREENKOMST (WGBO)

Het uitgangspunt van de Wgbo is dat elke cliënt in beginsel wilsbekwaam is om zelf te beslissen over de zorg en ondersteuning die hij krijgt. Dit wordt ook wel het *bekwaamheidsbeginsel* genoemd: een cliënt is wilsbekwaam totdat door een hulpverlener het tegendeel wordt aangetoond. De hulpverlener kan, afhankelijk van de situatie en de soort vrijheidsbeperking, een arts, een gedragsdeskundige of een persoonlijk begeleider zijn. Hij neemt een beslissing over de wilsonbekwaamheid van een cliënt. Hij beoordeelt of een cliënt 'in staat is tot een redelijke waardering van zijn belangen ter zake van de voorgestelde behandeling' (artikel 7:450 lid 3 BW en artikel 7:465 lid 2 BW). Het begrip 'ter zake' maakt duidelijk dat wilsonbekwaamheid per situatie opnieuw moet worden beoordeeld.
In de Wgbo staat wie achtereenvolgens als vertegenwoordigers kunnen worden aangemerkt:

1 Wettelijk door de rechter benoemde vertegenwoordiger: een curator of mentor.
2 Door de cliënt schriftelijk gemachtigde.
3 Echtgenoot, geregistreerde partner of andere levensgezel.
4 Ouder, kind, broer of zus van de cliënt.

Indien de cliënt wilsonbekwaam ter zake is, mag een van de vertegenwoordigers een zorg- en dienstverleningsovereenkomst sluiten of toestemming geven voor een behandeling.

In de Wgbo staat de wens van de wilsbekwame cliënt centraal. Op grond van artikel 465 Wgbo krijgt de wens van een wilsonbekwame cliënt ook nog enig gewicht. Als een wilsonbekwame cliënt zich verzet, mag de verrichting alleen worden uitgevoerd als zij kennelijk noodzakelijk is om ernstig nadeel te voorkomen en als het gaat om een ingrijpende verrichting. Het moet dus gaan om een verrichting die daadwerkelijk noodzakelijk is in het kader van de ondersteuning van de cliënt. Bovendien moet de vertegenwoordiger instemmen met de verrichting.

Dwang onder de Wgbo

Verzet de cliënt zich tegen een verrichting van ingrijpende aard waarvoor zijn vertegenwoordiger toestemming heeft gegeven, dan kan de verrichting slechts worden uitgevoerd indien zij 'kennelijk nodig is teneinde ernstig nadeel voor de cliënt te voorkomen' (artikel 7:465 BW).

Recht op zeggenschap

De Wgbo schrijft voor dat voor elke beslissing of ondersteuningsvraag toestemming van de cliënt is vereist. Het kan gaan om ingrijpende beslissingen, bijvoorbeeld een operatie, maar ook om meer alledaagse beslissingen. De hoofdregel is dat de cliënt op basis van voldoende en duidelijke informatie toestemming geeft. Hoewel de wet niet bepaalt of de toestemming letterlijk gegeven moet worden of ook stilzwijgend kan worden gegeven, verdient het aanbeveling dat deze toestemming door de cliënt letterlijk wordt gegeven. Soms is het vanzelfsprekend dat de cliënt toestemming geeft, bijvoorbeeld als hij ergens uitdrukkelijk om heeft gevraagd. Ook kan de begeleider de toestemming soms uit zijn gedragingen afleiden. Non-verbale toestemming mag echter niet te gemakkelijk worden aangenomen. De cliënt mag een gegeven toestemming te allen tijde intrekken.

De wet schrijft niet voor dat elke toestemming van een cliënt schriftelijk moet worden vastgelegd. In een aantal situaties is het in ieder geval aan te raden de toestemming wel schriftelijk vast te leggen:

- als een cliënt erom vraagt;
- als het om een ingrijpende beslissing of een ingrijpend onderzoek gaat;
- wanneer de cliënt iets beslist dat afwijkt van het advies van de begeleider.

Ook kan in het ondersteuningsplan worden vastgelegd dat de cliënt voor bepaalde (onderdelen van) verrichtingen of ondersteuning géén toestemming heeft gegeven.

Voor de begeleider is er een aantal punten waar hij rekening mee moet houden als het gaat om het verkrijgen van toestemming van een cliënt:

- Let op de context en de ruimte waarin de informatie wordt gegeven, opdat de privacy is gewaarborgd en de kans op ruis in de communicatie minimaal is. Zorg voor een goede gesprekssetting, een rustige omgeving, een ontspannen sfeer.
- Controleer of de cliënt in de juiste gemoedsstemming verkeert om te beslissen.
- Ga na of de cliënt over alle noodzakelijke informatie in begrijpelijke taal beschikt.

- Ga na of de cliënt voldoende bedenktijd heeft (gehad) om tot een weloverwogen beslissing te komen. De begeleider kan in veel gevallen met de cliënt overleggen hoeveel tijd hij nodig heeft om een beslissing te nemen. Voor het overige is het criterium 'de bedenktijd die een soortgelijke persoon in de gegeven omstandigheden nodig heeft'.
- Formuleer duidelijk waarover de cliënt een beslissing moet nemen en maak de cliënt duidelijk wat de draagwijdte van zijn beslissing is.
- Vertel de cliënt, als dat aan de orde is, dat zijn toestemming in het dossier wordt vastgelegd.

Wie geeft toestemming

In de Wgbo is vastgelegd dat een cliënt toestemming geeft voor elke beslissing in het kader van zijn behandeling en ondersteuning. Alleen in die situaties dat een cliënt niet in staat kan worden geacht tot een redelijke waardering van zijn belangen, ofwel wilsonbekwaam is voor een specifieke beslissing, mag een vertegenwoordiger vervangende toestemming geven.

Belangrijk is dus dat de aanwezigheid van een vertegenwoordiger niet automatisch betekent dat hij ook toestemming geeft voor een beslissing. De begeleider richt zich in eerste instantie altijd tot de cliënt zelf.

Het kan voorkomen dat een vertegenwoordiger, bij wilsonbekwaamheid van een cliënt, toestemming geeft voor een ingrijpende verrichting of vorm van ondersteuning, maar dat de wilsonbekwame cliënt zich verzet. De begeleider mag de ingrijpende verrichting of ondersteuning toch doorzetten indien ze kennelijk nodig is om ernstig nadeel voor de cliënt te voorkomen. In veel gevallen zal een ingrijpende verrichting niet door een begeleider alleen worden uitgevoerd en is de arts of gedragskundige nauw betrokken en eindverantwoordelijk voor de uiteindelijke beslissing.

Uitzonderingen op het recht op toestemming

1 Beslissingen van niet-ingrijpende aard

In de Wgbo wordt een uitzondering gemaakt voor beslissingen die van niet-ingrijpende aard zijn en waarvoor de toestemming van de cliënt verondersteld wordt. Deze bepaling is in de wet opgenomen om te voorkomen dat begeleiders onnodig worden belast. De wetgever geeft niet aan wat wel- en niet-ingrijpend van aard is. Dit hangt af van de omstandigheden, de gevolgen van de verrichting en de cliënt. Het uitgangspunt is echter wel dat wat de cliënt ingrijpend vindt, ook ingrijpend is.
In het bijzonder in de zorg voor mensen met een verstandelijke beperking zijn juist de kleine, alledaagse en op het eerste gezicht niet-

ingrijpende beslissingen bepalend voor de zeggenschap van een cliënt. Het uitgangspunt is dan ook dat voor zoveel mogelijk beslissingen toestemming wordt gevraagd aan de cliënt: ook als het gaat om suiker en/of melk in de koffie of het soort broodbeleg.
Als de cliënt een niet-ingrijpende verrichting weigert, mag de behandeling of beslissing niet tegen de wil van de cliënt worden uitgevoerd.

2 Noodsituaties

Een andere uitzondering zijn noodsituaties. In noodsituaties mag zonder toestemming van de cliënt of zijn vertegenwoordiger worden gehandeld. Er is sprake van een noodsituatie als een cliënt niet aanspreekbaar is omdat hij in coma ligt of een ernstige epileptische aanval heeft, de familie of vertegenwoordiger niet te bereiken is en direct ingrijpen aan de orde is. De wet vereist wel dat het moet gaan om het uitvoeren van een verrichting, in veel gevallen een medische verrichting, die 'kennelijk nodig is om ernstig nadeel voor de cliënt te voorkomen'.

6.4.4 ZEGGENSCHAP EN DE WET BIJZONDERE OPNEMINGEN IN PSYCHIATRISCHE ZIEKENHUIZEN (WET BOPZ)

Cliënten kunnen vanwege gevaar voor zichzelf of anderen onvrijwillig worden opgenomen in een instelling voor mensen met een verstandelijke beperking. Dat betekent niet dat zij tijdens hun verblijf wilsonbekwaam zijn. Ook voor deze cliënten geldt het eerder genoemde bekwaamheidsbeginsel. De hulpverlener – afhankelijk van de situatie en de soort vrijheidsbeperking is dit een arts, een gedragsdeskundige of een persoonlijk begeleider – neemt een beslissing over de wilsonbekwaamheid van een cliënt. Hij beoordeelt of een cliënt 'in staat is tot een redelijke waardering van zijn belangen ter zake van de voorgestelde behandeling' (artikel 38, lid 2 Wet Bopz). Het begrip 'ter zake' maakt duidelijk dat wilsonbekwaamheid per situatie opnieuw moet worden beoordeeld.

Als in een bepaalde situatie sprake is van wilsonbekwaamheid, treedt de vertegenwoordiger als plaatsvervanger op. In de Wet Bopz staat wie er achtereenvolgens als vertegenwoordiger wordt erkend (artikel 38, lid 2 Wet Bopz):

1 Wettelijk door de rechter benoemde vertegenwoordiger: een curator of mentor, als de cliënt minderjarig is, de ouders of de voogd).
2 De door de cliënt schriftelijk gemachtigde. Deze persoon is door de cliënt schriftelijk gemachtigd, in de periode dat hij wilsbekwaam was.
3 De echtgenoot van de cliënt.
4 Een ouder, kind, broer of zus van de cliënt.

Altijd geldt dat de vertegenwoordiger de mening van de cliënt moet meenemen in zijn beslissingen. De begeleider behoudt op zijn beurt het recht om de mening van de vertegenwoordiger naast zich neer te leggen 'voor zover de beslissing niet verenigbaar is met de zorg van een goed begeleider'. Het kan gebeuren dat een vertegenwoordiger niet in het belang van de cliënt beslist, maar zich door andere belangen laat leiden. Het is aan de begeleider om op dat moment in gesprek te gaan met een andere vertegenwoordiger.

De Wet Bopz legt ook beperkingen op aan de bevoegdheden van een vertegenwoordiger. Indien een cliënt wilsonbekwaam ter zake is en ouder is dan 12 jaar mag een vertegenwoordiger geen vervangende toestemming geven voor een dwangopname: daar geldt een rechterlijke machtiging (RM), een inbewaringstelling (IBS) of een Bopz-indicatie voor. De vertegenwoordiger wordt in dat geval wel betrokken bij het opstellen van het ondersteuningsplan. Als de vertegenwoordiger, bij wilsonbekwaamheid van een cliënt, geen toestemming geeft voor het behandelplan is zijn mening niet altijd doorslaggevend. Als sprake is van gevaar voor de cliënt zelf of anderen, mag het behandelplan toch worden uitgevoerd. De mening van de vertegenwoordiger wordt op dat moment terzijde geschoven. Dit geldt ook als de cliënt zich verzet tegen het ondersteuningsplan, maar de vertegenwoordiger toestemming geeft. De reden voor deze beperkingen is de waarde die in de wetgeving wordt toegekend aan het recht op vrijheid. Dit recht mag alleen worden beperkt als aan allerlei extra rechtswaarborgen is voldaan.

6.4.5 ZEGGENSCHAP EN REGELINGEN MENTORSCHAP, BEWINDVOERING EN CURATELE

In de Wgbo en Wet Bopz worden verschillende vormen van vertegenwoordiging genoemd. Op grond van beide wetten speelt een vertegenwoordiger pas een rol als de cliënt zelf niet meer zijn wil kan bepalen. Het recht op zeggenschap blijft op dat moment ook bestaan, maar de belangen van de cliënt worden behartigd door een vertegenwoordiger.
De wet, in dit geval het Burgerlijk Wetboek, noemt drie verschillende regelingen: regeling curatele, regeling mentorschap en regeling bewindvoering. Overigens is het ook mogelijk dat een cliënt een mentor en een bewindvoerder heeft. Ook kunnen twee personen gezamenlijk de taken van een curator of mentor uitvoeren.

In de verstandelijk gehandicaptenzorg is het niet ongebruikelijk dat er geen vertegenwoordiger gevonden kan worden. In dat geval kan de instelling zich wenden tot het Mentorschap Netwerk Nederland om een mentorschap aan te vragen. Daarnaast zijn er stichtingen die de financiële belangen van een cliënt kunnen behartigen. Het behoort echter wel tot de taken van een goede begeleider om, uiteraard binnen bepaalde grenzen, in nauw overleg met de cliënt op zoek te gaan naar een vertegenwoordiger voor de cliënt.

Curator

Een cliënt die onder curatele wordt gesteld, wordt door de rechter handelingsonbekwaam verklaard. Hij mag geen rechtshandelingen verrichten, zoals het sluiten van een zorg- en dienstverleningsovereenkomst of het kopen van een huis. De curator, benoemd door de rechter, behartigt de vermogensrechtelijke en de niet-vermogensrechtelijke belangen van de cliënt. In zowel de Wgbo als de Wet Bopz wordt een uitzondering op deze regel gemaakt. In beide wetten heeft een wilsbekwame cliënt die onder curatele staat of een mentor heeft, de ruimte om mee te beslissen over beslissingen die hem aangaan (ondersteuningsplan, inzagerecht, recht op vernietiging van zijn dossier enzovoort). De functie van een curator mag niet worden ingevuld door een medewerker van de instelling waar de cliënt verblijft.

Een cliënt die een curator heeft, is handelingsonbekwaam, maar niet wilsonbekwaam.
Dit laatste moet de begeleider als het gaat om de ondersteuning van een cliënt per situatie inschatten. Naast een curator kan een cliënt geen mentor of bewindvoerder hebben.

Mentor

Een mentor wordt benoemd door de rechter en behartigt alleen de niet-vermogensrechtelijke belangen van de cliënt, ofwel aangelegenheden die de dagelijkse ondersteuning betreffen. Een cliënt wordt deels handelingsonbevoegd waardoor hij geen rechtshandelingen mag verrichten op het gebied van verpleging, verzorging en behandeling. In zowel de Wgbo als de Wet Bopz wordt een uitzondering op deze regel gemaakt. In beide wetten heeft een wilsbekwame cliënt die een mentor heeft de ruimte om mee te beslissen over beslissingen die hem aangaan (ondersteuningsplan, inzagerecht, recht op vernietiging van zijn dossier enzovoort). De functie van een mentor mag niet worden ingevuld door een medewerker van de instelling waar de cliënt verblijft. Beide ouders van een cliënt kunnen 'gezamenlijk' mentor zijn. Daarnaast bestaat de mogelijkheid een mentor te vinden via de Stichting Mentorschap Netwerk. Deze mentor, in de vorm van een vrijwilliger, moet ook worden benoemd door de rechter.

Bewindvoerder

Een bewindvoerder wordt benoemd door de rechter en behartigt alleen de vermogensrechtelijke belangen van de cliënt. Een cliënt wordt deels handelingsonbevoegd waardoor hij geen rechtshandelingen mag verrichten als het gaat om financiële aangelegenheden. De functie van een bewindvoerder mag niet worden ingevuld door een medewerker van de instelling waar de cliënt verblijft. Wel mag een rechtspersoon benoemd worden tot bewindvoerder. Een aantal instellingen voor verstandelijk gehandicaptenzorg beschikt over een speciale stichting die de financiën van cliënten beheert.

De aanwezigheid van een bewindvoerder heeft tot gevolg dat een cliënt handelingsonbevoegd is op het gebied van vermogensrechtelijke zaken, maar nog niet wilsonbekwaam is als het gaat om overige zaken, zoals zijn verzorging en ondersteuning. Dit laatste moet de begeleider per situatie inschatten.

Bij de keuze van een vertegenwoordiger (wettelijk versus niet-wettelijk, mentor in plaats van een curator) spelen drie begrippen een belangrijke rol:

1 *Subsidiariteit.* De belangen van een cliënt moeten door middel van de minst ingrijpende vorm van vertegenwoordiging worden behartigd.
2 *Proportionaliteit.* De vorm van vertegenwoordiging (het middel) moet in verhouding staan tot de belangen die beschermd moeten worden (het doel). Indien een cliënt alleen problemen heeft bij het omgaan met geld, is het benoemen van een curator niet altijd proportioneel. De maatregel onder bewindstelling is dat in dit voorbeeld wel. Overigens is deze beslissing ook afhankelijk van de problematiek van de cliënt. Een rechtshandeling is onder de regeling curatele eenvoudiger recht te zetten dan bij een onderbewindstelling.
3 *Effectiviteit.* Zodra een bepaalde vorm van vertegenwoordiging (bijvoorbeeld curator) niet meer nodig is, dient de maatregel te worden beëindigd of te worden vervangen door een minder ingrijpende vorm van vertegenwoordiging zodat de cliënt weer zoveel mogelijk zelf beslissingen kan nemen.

Goed vertegenwoordigerschap en goed begeleiderschap

De bevoegdheid van een vertegenwoordiger is niet onbeperkt. Een vertegenwoordiger moet voortdurend rekening houden met de bepaling 'goed vertegenwoordiger', waarvan de strekking is dat een vertegenwoordiger een beslissing neemt die zoveel mogelijk aansluit bij de voorkeuren van de betrokken cliënt.

Goed vertegenwoordigerschap

'De mentor is gehouden degene ten behoeve van wie het mentorschap is ingesteld zoveel mogelijk bij de vervulling van zijn taak te betrekken. De mentor bevordert dat de betrokkene rechtshandelingen en andere handelingen zelf verricht, indien deze tot een redelijke waardering van zijn belangen ter zake in staat kan worden geacht. Hij betracht de zorg van een goed mentor' (artikel 1:454, lid 1 BW).
Dit artikel is ook van toepassing op de curator.

Daarnaast ligt er ook een taak voor de begeleider: hij moet kunnen vaststellen of het handelen volgens de wens van de vertegenwoordiger verenigbaar is met de zorg van een 'goed begeleider' (zie ook paragraaf 6.2.2.1). Een begeleider hoeft op grond van deze bepaling niet met elke wens van een vertegenwoordiger in te stemmen. Bepalend voor zijn beslissing is het belang van de cliënt. Dat staat altijd centraal.

Een enkele keer komt het voor dat de vertegenwoordiger voortdurend tegen de belangen van een cliënt in handelt. De wettelijk vertegenwoordiger kan, als hij zijn werk niet goed doet, uit zijn functie worden gezet door de kantonrechter. Hij wordt dan ontslagen. De instelling kan in eerste instantie een klacht indienen over de wettelijk vertegenwoordiger bij de kantonrechter die de wettelijk vertegenwoordiger heeft benoemd. De instelling kan ook een stap verder gaan. Zij heeft de mogelijkheid om via een verzoekschriftprocedure de wettelijk vertegenwoordiger, de bewindvoerder, mentor of curator, te laten ontslaan. In dit verzoekschrift moet worden uitgelegd waarom de wettelijk vertegenwoordiger niet meer voldoet aan de omschrijving van een 'goed vertegenwoordiger'. Het verzoekschrift moet ingediend worden bij het kantongerecht waar de wettelijk vertegenwoordiger ook is benoemd. Een dergelijke procedure kan ook worden gestart door de cliënt zelf, zijn familie, het openbaar ministerie of door de kantonrechter die uit diverse bronnen heeft afgeleid dat de wettelijk vertegenwoordiger zijn werk niet goed doet.

6.5 Wettelijke basis voor het recht op vrijheid als burgerrecht

6.5.1 INLEIDING

In internationale en Nederlandse wetgeving is het uitgangspunt dat niemand in zijn vrijheid mag worden beperkt, behalve in die bijzondere gevallen die in een wet zijn geregeld. De Wet Bijzondere opnemingen in psychiatrische ziekenhuizen (Wet Bopz) is een wet waarin afspraken over vrijheidsbeperking zijn vastgelegd. Deze wet heeft in het bijzonder betrekking op ingrijpende vormen van vrijheidsbeperking. Dit betekent overigens niet dat je als begeleider bij minder ingrijpende vormen van vrijheidsbeperking geen rekening hoeft te houden met het recht op vrijheid van een cliënt. De strekking van de wet is dat je als begeleider een cliënt niet zonder goede reden in zijn vrijheid mag beperken. Je moet een duidelijk doel voor ogen hebben. Zo moet elke beperking die je oplegt zoveel mogelijk bijdragen aan de ontwikkeling (ontplooiing) van een cliënt. Je beoogt, ook bij vrijheidsbeperking, een cliënt verder op weg te helpen. Dit betekent ook dat het bieden van veiligheid aan een cliënt, door het gebruik van vrijheidsbeperking, niet mag samenhangen met een tekort aan personeel.

In artikel 5 van het Europese Verdrag voor de Rechten van de Mens (EVRM) is bepaald dat 'een ieder recht heeft op vrijheid en veiligheid van zijn persoon'. Alleen in bijzondere situaties mag dit recht worden beperkt.

6.5.1.1 *HET RECHT OP VRIJHEID NADER UITGEWERKT IN NEDERLANDSE WETGEVING*

De Nederlandse wetgever heeft de inhoud van artikel 5 EVRM uitgewerkt in de Grondwet. Op grond van artikel 15 Grondwet mag 'buiten de gevallen bij of krachtens de wet bepaald niemand zijn vrijheid worden ontnomen'. Hierin is bepaald dat een individu alleen in zijn vrijheid mag worden beperkt als dit nadrukkelijk in een wet is geregeld. In Nederland is dit de Wet bijzondere opnemingen in psychiatrische ziekenhuizen (Wet Bopz). Deze wet is bedoeld voor de psychiatrie, zorg voor mensen met een verstandelijke beperking en de psychogeriatrie.

6.5.2 VRIJHEID EN DE WET OP DE GENEESKUNDIGE BEHANDELINGSOVEREENKOMST (WGBO)

De Wgbo is niet het juiste wettelijke kader voor de toepassing van vrijheidsbeperking. Deze wet is alleen bedoeld voor dwang die samenhangt met 'somatische' klachten zoals een onderzoek door de huisarts, een behandeling door de tandarts of de behandeling van een tumor. Veel vormen van vrijheidsbeperking bevinden zich echter in een 'grijs' gebied. Zo kan een cliënt bijvoorbeeld, onder verzet, premedicatie van de tandarts krijgen omdat hij vanwege zijn verstandelijke beperking bang is voor de tandarts. Er is een modelrichtlijn voor hulpverleners over informatie en toestemming bij een meerderjarige wilsonbekwame cliënt, opgesteld in het kader van het implementatieplan van de Wgbo. Daarin staat de volgende vuistregel: 'Een somatische dwangbehandeling van een onvrijwillig opgenomen cliënt valt onder de Wgbo, ook in die gevallen waarin de aanleiding voor deze behandeling voortvloeit uit de geestesstoornis van de cliënt' (Witmer & De Roode, 2004).

6.5.3 VRIJHEID EN DE WET BIJZONDERE OPNEMINGEN IN PSYCHIATRISCHE ZIEKENHUIZEN (WET BOPZ)

In de Wet Bopz[5] is vastgelegd wanneer een begeleider vrijheidsbeperking mag toepassen in de zorg voor mensen met een verstandelijke beperking. Het uitgangspunt van deze wet is een evenwicht vinden tussen twee belangrijke waarden: *zeggenschap* en *bescherming*. Dit betekent dat een cliënt in beginsel niet in zijn vrijheid mag worden beperkt: zijn zelfbeschikkingsrecht, ofwel zijn recht op zeggenschap, gaat voor. Alleen als voldaan is aan bepaalde voorwaarden mag in-

---

[5] Het Ministerie van VWS bereidt specifiek voor de doelgroepen mensen met dementie en een verstandelijke beperking een aparte regeling voor die de huidige Wet Bopz gaat vervangen. De nieuwe wet krijgt de naam 'Wet zorg en dwang psychogeriatrische en verstandelijk gehandicapte cliënten'.

breuk worden gemaakt op dit recht. Bescherming van cliënten komt terug in een aantal waarborgen die in de Wet Bopz zijn geregeld. Het ondersteuningsplan, toepassing van vrijheidsbeperking, huisregels en een klachtenregeling maken deel uit van deze interne rechtspositie.

Definitie van vrijheidsbeperking

In de Wet Bopz wordt geen definitie van vrijheidsbeperking gegeven. Uit de wet kan wel worden afgeleid dat het gaat om vrij ingrijpende vormen van vrijheidsbeperking zoals afzondering, separatie, fixatie en gedwongen medicatie of voeding. Daarnaast spreekt de wet over beperkingen in de bewegingsvrijheid en overige beperkingen. Een eigenschap van al deze vormen van vrijheidsbeperking is dat je als begeleider 'heel dicht op het lichaam van een cliënt een beperking oplegt'. Denk bijvoorbeeld aan het gebruik van een Zweedse band, gedwongen medicatie in de pap of een cliënt opsluiten in zijn kamer. Voor de wetgever is verder van belang dat een cliënt zich verzet tegen een handeling die je oplegt als begeleider. Als een cliënt, of zijn vertegenwoordiger indien de cliënt wilsonbekwaam ter zake is, toestemming geeft voor het afsluiten van zijn kamerdeur is volgens de wet geen sprake van vrijheidsbeperking. Het gaat hierbij om toestemming voorafgaand aan de maatregel. Zodra de cliënt zich tijdens een toepassing toch gaat verzetten, hoewel hij eerder heeft ingestemd met een maatregel, is er sprake van vrijheidsbeperking. De wet vereist van een goed begeleider dat hij voortdurend in de gaten houdt of de cliënt nog instemt met de maatregel.

De inhoud van dit boek is gebaseerd op een brede definitie van vrijheidsbeperking: 'Iedere beperking die de individuele vrijheid van een cliënt beperkt' (deze definitie hebben we toegelicht in hoofdstuk 5).

Voorwaarden om vrijheidsbeperking toe te passen in de zorg voor mensen met een verstandelijke beperking

Het toepassen van vrijheidsbeperking is alleen toegestaan als is voldaan aan een aantal voorwaarden. Deze gelden vooralsnog alleen voor de (ingrijpende) vormen die in de Wet Bopz worden genoemd. In de richtlijnen en ook in de praktijkvoorbeelden in hoofdstuk 5 wordt echter wel nader ingegaan op andere situaties die buiten het juridische kader van de Wet Bopz vallen en daardoor eigenlijk niet zijn toegestaan, maar wel een zeer zorgvuldige toepassing vereisen.

De Wet Bopz noemt de volgende vier voorwaarden voor de toepassing van vrijheidsbeperking:

1 Instelling met een Bopz-aanmerking

Alleen cliënten die wonen in een instelling met een speciale Bopzaanmerking vallen onder de Wet Bopz. Dit betekent dat vrijheidsbeperking in de zin van de Wet Bopz (vooralsnog) niet toegestaan is in gezinsvervangende tehuizen, dagverblijven, beschermd wonen of wooninitiatieven die door ouders worden opgezet met behulp van een Persoonsgebonden budget (Pgb). Hetzelfde geldt voor de thuissituatie.

2 *Juridische status: onvrijwillig*

Vrijheidsbeperking mag alleen worden toegepast bij cliënten die 'onvrijwillig' in een instelling met een Bopz-aanmerking verblijven. Onvrijwillig betekent dat door een ander dan de cliënt tot opneming is beslist en dat de cliënt het niet eens is met de opname in een instelling of dat hij na opname zich verzet tegen het verblijf en de toepassing van vrijheidsbeperking. De status onvrijwillig kan op drie manieren worden verkregen:

- *Rechterlijke machtiging (RM)*
  Als een cliënt zich verzet tegen opneming kan allereerst een voorlopige machtiging worden afgegeven door de rechter. Deze machtiging heeft een duur van maximaal 6 maanden en kan door de rechter worden afgegeven wanneer voldaan is aan de voorwaarden stoornis, gevaar, causaal verband tussen beide, verzet tegen de opneming en het verblijf en het ontbreken van alternatieven. Vervolgens kan deze machtiging door de rechter verlengd worden tot 12 maanden. Na verloop van deze machtiging is opnieuw een machtiging tot voortgezet verblijf mogelijk. De rechter kan er ook voor kiezen om deze met een maximum van 5 jaar te verlengen.
  Als een cliënt zich alleen verzet tegen de maatregelen die worden toegepast tijdens zijn verblijf, vormt dit vaak voor de rechter geen reden om een RM af te geven.
- *Inbewaringstelling (IBS)*
  In spoedsituaties kan door de burgemeester een inbewaringstelling van de cliënt worden afgegeven. De voorwaarden waaraan moet worden voldaan zijn een onmiddellijk dreigend gevaar, een ernstig vermoeden dat een stoornis van de geestvermogens het gevaar doet veroorzaken en een ontbreken van een alternatief om het gevaar af te wenden anders dan door opneming. Het gevaar is zo onmiddellijk dreigend dat geen gebruik kan worden gemaakt van de reguliere procedure tot het verkrijgen van een voorlopige machtiging.
  Deze inbewaringstelling kan met 3 weken worden verlengd en vervolgens ook worden omgezet in een voorlopige machtiging, mits voldaan is aan de voorwaarden.
- *Bopz-indicatie*
  Wanneer de cliënt niet in staat is zijn bereidheid tot opname of bezwaar tegen opname kenbaar te maken, kan deze plaatsvinden op basis van een uitspraak van het Centrum Indicatiestelling Zorg (CIZ). Dit noemen we geen bereidheid geen bezwaar.

3 Gevaar

Pas als sprake is van gevaar binnen de instelling, veroorzaakt door de verstandelijke beperking van de cliënt, mag een begeleider vrijheidsbeperking toepassen bij een cliënt die onvrijwillig is opgenomen. In dat geval hoeft de begeleider geen toestemming te hebben van de cliënt en/of de vertegenwoordiger. Hierbij is ook niet van belang of een cliënt wilsbekwaam of wilsonbekwaam is. De wetgever geeft, uit respect voor het recht op zeggenschap van een cliënt, een vrij strikte uitleg aan het begrip gevaar. Voorbeelden van gevaar zijn: als een cliënt zich agressief gedraagt en daarmee ook agressie oproept bij medecliënten, als een cliënt een begeleider bedreigt of als een cliënt zichzelf ernstig verwondt. Niet elke vorm van agressie is voldoende om vrijheidsbeperking toe te passen. Als een cliënt alleen schopt, slaat en krabt als hij naar zijn kamer wordt gestuurd of als hij medicatie moet innemen, is er geen sprake van gevaar. De wetgever hanteert daarmee een invulling van gevaar die niet altijd goed past in deze sector. In de zorg voor mensen met een verstandelijke beperking zijn veel meer momenten te bedenken waarop je als begeleider wilt ingrijpen. Bovendien wil je niet tot het laatste moment wachten: soms is eerder ingrijpen juist in het belang van een cliënt, ook vanuit het oogpunt van goede zorg en ontplooiing. Veel cliënten hebben behoefte aan enige vorm van ondersteuning die een bijdrage levert aan hun ontwikkeling. De thema's die we in de vorige hoofdstukken hebben beschreven laten dit uitvoerig zien. Hierin worden tal van voorbeelden genoemd die strikt juridisch gezien niet onder het gevaarscriterium vallen.

4 Proportionaliteit, subsidiariteit en effectiviteit

Bij de toepassing van vrijheidsbeperking dient een begeleider ook rekening te houden met de criteria proportionaliteit, subsidiariteit en effectiviteit. Deze drie criteria moeten eigenlijk *elke keer* opnieuw worden nagelopen als je als team overweegt om een vrijheidsbeperkende maatregel toe te passen.
Het *proportionaliteitsbeginsel* vereist dat sprake moet zijn van een redelijke verhouding tussen het doel (het verminderen van het gevaar) en het middel (de vrijheidsbeperkende maatregel) dat wordt toegepast door een begeleider. *Subsidiariteit* betekent dat de minst ingrijpende vorm van vrijheidsbeperking gekozen moet worden. In plaats van separatie kan bijvoorbeeld ook gekozen worden voor een minder ingrijpend alternatief, zoals een wandeling maken met de cliënt. *Effectiviteit* betekent dat een vrijheidsbeperkende maatregel bijdraagt aan het doel dat je als begeleider hebt afgesproken met de cliënt en je teamleden. Als de maatregel geen effect meer heeft, moet deze worden gestaakt of worden vervangen door een andere maatregel.

Interne rechtspositie, als onderdeel van de Wet Bopz

Voor elke cliënt die 'onvrijwillig' is opgenomen, geldt een aantal waarborgen. Deze worden gezamenlijk de interne rechtspositie van de cliënt genoemd. Een belangrijk onderdeel vormt het ondersteuningsplan.

Ondersteuningsplan

Voor elke cliënt die onvrijwillig wordt opgenomen (met een RM, IBS of een Bopz-indicatie), wordt eerst een ondersteuningsplan opgesteld. Hierin worden afspraken vastgelegd over de ondersteuning die wordt geboden aan een cliënt. Deze worden in overleg opgesteld met de cliënt en/of met de vertegenwoordiger indien de cliënt wilsonbekwaam is in deze situatie. In het ondersteuningsplan kunnen ook vrijheidsbeperkende maatregelen worden opgenomen. De cliënt, en/of vertegenwoordiger indien de cliënt wilsonbekwaam is in deze situatie, moet hiervoor toestemming geven. Een voorbeeld is het gebruik van de Zweedse band. Er zijn cliënten die elke nacht met een Zweedse band slapen. Hierover zijn afspraken gemaakt die in het ondersteuningsplan moeten zijn opgenomen. Hoewel de Wet Bopz alleen van toepassing is op onvrijwillig opgenomen cliënten, wordt doorgaans ook voor vrijwillig opgenomen cliënten een ondersteuningsplan opgesteld. Deze eis vloeit ook min of meer voort uit de Kwaliteitswet zorginstellingen en het richtinggevend kader dat in maart 2008 verscheen. Hierin wordt, vooruitlopend op de nieuwe Wet Zorg en Dwang psychogeriatrische en verstandelijk gehandicapte cliënten, aangegeven dat voor iedere cliënt een ondersteuningsplan dient te worden opgesteld, in overleg met de cliënt en/of zijn vertegenwoordiger.

Richtinggevend kader vrijheidsbeperkingen

Vooruitlopend op de nieuwe wet 'Zorg en Dwang psychogeriatrische en verstandelijk gehandicapte cliënten', die op dit moment wordt voorbereid door het Ministerie VWS, heeft toenmalig staatssecretaris Jet Bussemaker een richtinggevend kader voor de toepassing van vrijheidsbeperking uitgebracht. De staatssecretaris vond het belangrijk dat bij elke toepassing van vrijheidsbeperking dezelfde procedure wordt doorlopen. Hoewel de procedure nog geen onderdeel uitmaakt van de huidige Wet Bopz bevat de procedure weinig nieuws. Elke hulpverlener die zorgvuldig met vrijheidsbeperking omgaat (zie hiervoor ook de inhoud van paragraaf 6.5.3 – 6.5.5), past de inhoud van het richtinggevend kader al toe in de dagelijkse praktijk.
Het richtinggevend kader bestaat uit:

1 Voor iedere cliënt dient een ondersteuningsplan te worden opgesteld, in overleg met de cliënt en/of zijn vertegenwoordiger.
2 De instelling wijst zelf een categorie hulpverleners aan die bevoegd is om ondersteuningsplannen op te stellen.

3 Vrijheidsbeperking mag alleen worden toegepast als er geen alternatief is en met vrijheidsbeperking ernstig nadeel voor de cliënt of zijn omgeving kan worden voorkomen.
4 Elke beslissing tot vrijheidsbeperking wordt multidisciplinair genomen. In het team moet in ieder geval een arts aanwezig zijn.
5 Een instelling moet op aanvraag van de Inspectie een overzicht kunnen tonen van de aard, frequentie en noodzaak van de toegepaste vrijheidsbeperkende maatregelen.

6.5.4 VORMEN VAN VRIJHEIDSBEPERKING

In de Wet Bopz worden verschillende vormen van vrijheidsbeperking genoemd. Het gaat om dwangbehandeling, middelen of maatregelen, huisregels en beperkingen in het recht in bewegingsvrijheid.

6.5.4.1 DWANGBEHANDELING

Dwangbehandeling doet zich in twee situaties voor:
1 De cliënt en/of vertegenwoordiger heeft geen toestemming verleend voor de afspraken die in het ondersteuningsplan zijn voorgesteld. Dit betekent dat er geen overeenstemming kan worden bereikt tussen de cliënt en de instelling. Op een bepaald moment moet een begeleider echter wel ingrijpen. De ondersteuning die op dat moment wordt gegeven heet dwangbehandeling.
2 De cliënt en/of vertegenwoordiger heeft ingestemd met de afspraken die in het ondersteuningsplan zijn vastgelegd. Op het moment dat het ondersteuningsplan wordt uitgevoerd verzet de cliënt en/of vertegenwoordiger zich. Ook op dat moment is sprake van dwangbehandeling. Een gedeelte van het ondersteuningsplan wordt met verzet van de cliënt en/of vertegenwoordiger uitgevoerd.

In beide gevallen is pas sprake van dwangbehandeling als de hulpverlener (een begeleider, een arts of gedragsdeskundige) alsnog besluit de afspraken uit te voeren. Op grond van de Wet Bopz mag de ondersteuning alleen worden geboden als deze *volstrekt noodzakelijk is om gevaar af te wenden.* In de wet is niet bepaald hoe lang de dwangbehandeling mag duren. In het kader van de eerder genoemde criteria *proportionaliteit, subsidiariteit* en *effectiviteit* mag deze toepassing niet langer duren dan noodzakelijk is. Ook moet de toepassing in verhouding staan tot het gevaar dat zich voordoet. Tot slot moet je als begeleider op zoek gaan naar de minst ingrijpende vorm van vrijheidsbeperking. Zijn er mogelijk alternatieven? Zodra er geen gevaar meer is, moet de dwangbehandeling worden gestopt. Direct daarna dient de toepassing te worden geëvalueerd, ook om te voorkomen dat in de toekomst een dergelijke situatie zich opnieuw gaat voordoen. Bij deze evaluatie moet de cliënt zoveel mogelijk worden betrokken. Indien de cliënt wilsonbekwaam in deze situatie is, moet de vertegenwoordiger ingeschakeld worden.

Verzet

Het begrip verzet vervult een belangrijke rol bij dwangbehandeling. Zodra een cliënt zich verzet tegen de afspraken die in het ondersteuningsplan staan omschreven, is sprake van dwangbehandeling.

'Indien het overleg over het ondersteuningsplan niet tot overeenstemming heeft geleid, kan met betrekking tot de patiënt geen behandeling worden toegepast. Evenmin kan een behandeling worden toegepast indien weliswaar het overleg over het behandelingsplan tot overeenstemming heeft geleid doch de cliënt of zijn vertegenwoordiger bij wilsonbekwaamheid van de cliënt zich daartegen verzet. (...) Het overeengekomen behandelingsplan kan alleen worden toegepast voor zover dit volstrekt noodzakelijk is om gevaar voor de cliënt of anderen, voortvloeiende uit de stoornis van de geestvermogens, af te wenden' (artikel 38, lid 5 Wet Bopz).

De wetgever heeft, vergelijkbaar met het begrip gevaar, het begrip verzet niet nader ingevuld. De sector mag dit begrip zelf invullen. Het komt erop neer dat elke vorm van verzet ook als zodanig moet worden geïnterpreteerd. Daarbij is niet van belang of de cliënt wilsbekwaam of wilsonbekwaam is. Indien een begeleider twijfelt over de vraag of sprake is van verzet, zal de cliënt 'het voordeel van de twijfel' moeten krijgen.
In de praktijk wordt, vaak onterecht, niet elke vorm van verzet als verzet beschouwd. Zo wordt het verzet van wilsonbekwame cliënten niet altijd herkend als verzet. Of de begeleider erkent het verzet pas als het heftig, invoelbaar en herhaald wordt (ofwel: één keer verzet is nog geen verzet). Dit zijn onterechte interpretaties van begeleiders. Uitgangspunt moet zijn dat elke vorm van verzet ook als zodanig gezien moet worden.

Hoewel dwangbehandeling in relatie tot verzet van een cliënt wordt gezien, moet je als begeleider ook op je hoede zijn als een cliënt *instemt* met een maatregel. Volgens de wet is er op dat moment geen sprake van vrijheidsbeperking. De cliënt stemt immers vrijwillig in met een maatregel die zijn vrijheid beperkt. Deze vrijwilligheid kan echter ook gecreëerd zijn: de cliënt weet dat strijd niets oplevert, de cliënt begrijpt de maatregel niet, de cliënt voelt zich veilig als hij de separeerruimte in moet, maar weet niet dat er ook andere mogelijkheden zijn. Instemmen met een maatregel hoeft dus lang niet altijd te betekenen dat een cliënt ook daadwerkelijk vrijwillig instemt. Dit raakt aan het recht op informatie en het recht op zeggenschap. Het is dan goed om als begeleider zorgvuldig naar de toepassing van vrijheidsbeperking te kijken: naar de informatie vooraf, de zeggenschap van de cliënt en de daadwerkelijke toepassing.

6.5.4.2 MIDDELEN OF MAATREGELEN

Middelen of maatregelen mogen tegen de wil van de cliënt worden toegepast als sprake is van een noodsituatie. Hieronder wordt verstaan 'als de cliënt onverwacht zodanig psychotisch functioneert dat dit leidt tot gevaar voor de cliënt zelf of voor anderen', of 'als meer dan de normale kans bestaat dat een dergelijke situatie zich zal gaan voordoen'. Gevaar is aanwezig als sprake is van onaanvaardbare risico's voor de lichamelijke integriteit van de cliënt of anderen. Het toepassen van een middel of maatregel wordt niet gerechtvaardigd door het werkrooster van het personeel of een tekort aan personeel.
Middelen of maatregelen zijn vrijheidsbeperkende maatregelen die nog niet in het ondersteuningsplan zijn vastgelegd. Als ze wel in het ondersteuningsplan zijn vastgelegd, met toestemming van de cliënt en/of vertegenwoordiger, spreken we *niet* meer over middelen of maatregelen. In het verleden werd hiervoor de term 'middelen of maatregelen akkoord' gebruikt. Als een cliënt zich gaat verzetten tegen deze afspraken, is weer sprake van dwangbehandeling.

De Wet Bopz noemt vijf vormen van middelen of maatregelen:[6]

1. *Afzondering*. Een cliënt wordt ingesloten in een daarvoor speciaal bestemde eenpersoonskamer, die prikkelarm is ingericht en als regel een bed, een stoel, een kledingkast en wasgelegenheid bevat. Gedurende de afzondering dient er doorlopend toezicht te zijn. Afzondering op de eigen kamer met de deur op slot is formeel niet toegestaan, maar verdient soms de voorkeur. De afzonderingruimte dient te voldoen aan de eisen van het College Bouw Ziekenhuisvoorzieningen (CBZ).
2. *Separatie*. Een cliënt wordt voor intensieve afzondering ingesloten in een afzonderlijke, speciaal daarvoor bestemde en ingerichte ruimte, een separeerverblijf. Daarbij moet voldaan zijn aan de richtlijnen van het College Bouw Ziekenhuisvoorzieningen (CBZ).
3. *Fixatie*. Naast vastbinden wordt onder fixatie elke vorm van vasthouden verstaan waardoor de betrokkene in zijn bewegingen wordt belemmerd. Hulpmiddelen bij fixatie zijn Zweedse banden, onrustband, tafelblad, diepe stoel en bedhekken.
4. *Onder dwang toedienen van medicatie*. Het gaat hierbij om gedragsbeïnvloedende medicatie die ingezet wordt ter overbrugging van een noodsituatie. Medicijnen met een langdurige werking zijn niet toegestaan.
5. *Onder dwang toedienen van vocht en voeding*. Deze vorm doet zich zelden voor. Het valt echter niet uit te sluiten dat gevaar voor uitdroging ontstaat voordat het ondersteuningsplan is aangepast.

[6] Op 18 november 2008 heeft de sector ouderenzorg en zorg voor mensen met een verstandelijke beperking een intentieverklaring getekend gericht op het terugdringen van vrijheidsbeperking in de periode 2008-2011.

Deze vijf vormen van middelen of maatregelen mogen niet langer dan 7 dagen worden toegepast. Na deze periode moet het ondersteuningsplan met instemming van de cliënt en/of vertegenwoordiger worden aangepast. Dit heeft tot gevolg dat de betreffende middelen of maatregelen na 7 dagen opgenomen kunnen worden in het ondersteuningsplan. Indien geen overeenstemming wordt bereikt over het aanpassen van het ondersteuningsplan, kunnen de middelen of maatregelen in de vorm van dwangbehandeling worden voortgezet voor een langere periode. Dit kan alleen als dit noodzakelijk is om gevaar voor de cliënt of anderen te voorkomen. Dit betekent dat de termijn van 7 dagen voor onbepaalde tijd verlengd kan worden. De Wet Bopz noemt immers geen termijn voor dwangbehandeling.

6.5.4.3 HUISREGELS

- 'Huisregels bevatten geen andere regelen dan die nodig zijn voor een ordelijke gang van zaken in het psychiatrisch ziekenhuis. Zij beperken de vrijheid van handelen van de cliënt niet verder dan voor een dergelijke gang van zaken nodig is' (Wet Bopz).

Huisregels gelden zowel voor vrijwillig als onvrijwillig opgenomen cliënten. Enkele voorbeelden van huisregels zijn: bezoektijden, slaaptijden, tijdstippen waarop mag worden getelefoneerd, pauzetijden, besteding van vrije tijd, gebruik van alcohol en drugs, agressief gedrag en maatregelen ter voorkoming van geluidsoverlast. De VGN (Vereniging Gehandicaptenzorg Nederland) heeft een model huisreglement opgesteld dat gebruikt kan worden bij het opstellen van de eigen huisregels.

Huisregels behoren niet meer te zijn dan regels die nodig zijn om met elkaar in een groep te leven. Zij horen bij het verblijf in een instelling. De Wet Bopz laat zich niet uit over de wijze waarop huisregels worden opgesteld. Het getuigt van respect voor de cliënten als deze in samenspraak met hen worden opgesteld. Indien een cliënt zich niet aan de huisregels houdt, mogen daar consequenties aan worden verbonden. Deze maatregelen mogen echter geen strafkarakter hebben, maar moeten gericht zijn op het beëindigen van de verstoring. (zie ook hoofdstuk 5 richtlijnen 5.3.1)

6.5.4.4 BEPERKING IN HET RECHT OP BEWEGINGSVRIJHEID

Beperking in het recht op bewegingsvrijheid kan worden toegepast om twee redenen:

1. als ernstige nadelige gevolgen moeten worden gevreesd voor de gezondheidstoestand van de cliënt;
2. ter voorkoming van verstoring van de orde of ter voorkoming van strafbare feiten (artikel 40, lid 3 Wet Bopz).

Beperkingen in het recht op bewegingsvrijheid vormen vaak een aanvulling op of een aanscherping van de huisregels van de afdeling of de woning. Elke beperking die wordt opgelegd, moet in het ondersteuningsplan van een cliënt worden vastgelegd.

De beperkingen in het recht op bewegingsvrijheid kunnen op grond van de praktijk onderverdeeld worden in:

1 Beperkingen in vrijheid om een ruimte te verlaten dan wel te betreden. Voorbeelden zijn: het niet zonder toestemming naar buiten mogen, op bepaalde momenten niet de woonkamer in kunnen, het gebruik van deurverklikkers, vaste kamermomenten, afkoelen in de tussenkamer, time-out, tussendeur dicht, keuken niet betreden, hand-in-handbegeleiding, gesloten afdeling.
2 Beperkingen in vrijheid om te beschikken over bepaalde voorwerpen. Voorbeelden zijn: koelkast op slot, sigarettenschema, bestek achter slot en grendel, een keer in de week bellen, mobiele telefoon inleveren, geen huisdieren, geen vuur in eigen beheer, kledingkast op slot, geen pennen, alcoholbeperking.
3 Beperkingen in het aangaan van contacten. Voorbeelden zijn: het verbieden van onderlinge relaties, geen contact met ouders, niet naar activiteiten.
4 Overige beperkingen, zoals een gestructureerd dagprogramma/schema.

6.5.4.5 OVERIGE BEPERKINGEN IN HET KADER VAN ARTIKEL 40, WET BOPZ

In artikel 40 wordt naast de beperkingen in het recht op bewegingsvrijheid nog een aantal andere beperkingen genoemd. Het betreft beperkingen in het recht op bezoek, het recht op vrij telefoonverkeer en het recht op briefgeheim. Deze beperkingen gelden alleen voor cliënten die via een RM of een IBS opgenomen zijn en niet voor cliënten met een Bopz-indicatie.
Deze beperkingen in het recht op bewegingsvrijheid kunnen worden toegepast om twee redenen:

1 als ernstige nadelige gevolgen moeten worden gevreesd voor de gezondheidstoestand van de cliënt;
2 ter voorkoming van verstoring van de orde of ter voorkoming van strafbare feiten (artikel 40, lid 3 Wet Bopz).

Ook hier gelden weer de eerdergenoemde criteria van effectiviteit, proportionaliteit en subsidiariteit. Elke beperking die in artikel 40 Wet Bopz genoemd wordt, dient gemotiveerd te worden in het ondersteuningsplan.

6.5.4.6 OVERIGE VORMEN VAN VRIJHEIDSBEPERKING

De Wet Bopz spreekt over een aantal vormen van vrijheidsbeperking. Daarnaast vindt in de praktijk ook een aantal *niet-wettelijke vormen* van vrijheidsbeperking plaats. De strekking van dit boek is dat ook bij deze vormen van vrijheidsbeperking de criteria subsidiariteit, proportionaliteit en effectiviteit in acht moeten worden genomen. Daarnaast dienen de afspraken ook in het ondersteuningsplan te worden vastgelegd.

1 Pedagogische maatregelen

Het doel van pedagogische maatregelen is om het gedrag van een cliënt te beïnvloeden en zijn mogelijkheden tot ontwikkeling te brengen. Het gaat onder meer om maatregelen die gedrag inperken, grenzen stellen, contact met anderen beperken, invulling van vrije tijd beperken of maatregelen waarbij bepaalde taken verplicht uitgevoerd moeten worden. Waar pedagogische maatregelen het karakter hebben van een vrijheidsbeperkende maatregel, moeten de criteria proportionaliteit, subsidiariteit en effectiviteit in acht worden genomen. Pedagogische maatregelen komen veel voor in orthopedagogische instellingen. In deze instellingen is het doorgaans niet duidelijk of sprake is van opvoedkundige (pedagogische) maatregelen of vrijheidsbeperking in de zin van de Wet Bopz.
Een ideale definitie van pedagogische maatregelen is: 'Een pedagogische maatregel past bij de levensfase van een cliënt, staat in het teken van zijn opvoeding en ontwikkeling, beperkt niet de vrijheid van een cliënt, maar stimuleert zijn ontwikkeling en hangt niet samen met zijn geestelijke stoornis (verstandelijke beperking).' Maar in de praktijk blijkt deze definitie van pedagogische maatregelen moeilijk hanteerbaar.

Een bijzondere vorm van pedagogische maatregelen is het *belonen van goed gedrag en het straffen van verkeerd gedrag*. Enkele voorbeelden zijn: een cliënt moet eten in de keuken omdat hij storend gedrag vertoont naar andere cliënten toe, een cliënt belonen met een sigaar indien hij zich aan de gemaakte afspraken houdt, een cliënt kan tijdens de koffie niet van de koekjes afblijven en moet afkoelen op de gang met de gangdeur op slot, een cliënt wil niet meedoen aan corvee en moet gaan nadenken op zijn kamer.
De gevolgen van het opleggen van een straf zijn dermate ingrijpend, dat sprake is van een vrijheidsbeperkende maatregel. Toch wordt in de Wet Bopz niet gesproken over straffen van cliënten. Het is juridisch ook niet toegestaan dat een vrijheidsbeperkende maatregel een strafkarakter krijgt. In dat geval schiet vrijheidsbeperking haar doel voorbij en handelt een begeleider niet meer als een goed begeleider.
Ook in het belonen van cliënten zit een vrijheidsbeperkend element. Van cliënten wordt een bepaald gedrag vereist om aanspraak te kunnen maken op de beloning. Zowel bij straffen als bij belonen is het doel van de maatregel dat het ongewenst gedrag van een cliënt afneemt.
Het toepassen van dwang, in de vorm van een beloning of een straf, kan uiteindelijk leiden tot meer vrijheid voor een cliënt. Zo kan een cliënt bepaalde vaardigheden aanleren. Om echter een oordeel te kunnen geven over de rechtmatigheid van straffen en belonen van

cliënten is het van belang dat het handelen van een begeleider in een redelijke verhouding staat tot het verwachte resultaat. Als vrijwel het gehele leven van een cliënt gereguleerd wordt door middel van straffen en belonen, is geen sprake meer van de vereiste proportionaliteit. Dit geldt ook als de straf of de beloning niet in verhouding staat tot het resultaat. De criteria subsidiariteit, proportionaliteit en effectiviteit spelen hier dus wederom een rol. Voor een cliënt is een straf veel ingrijpender dan de gevolgen van zijn (niet) handelen ervaren.
Straf zou vervangen moeten worden door het ervaren van de gevolgen van het (niet) handelen van de cliënt. Het ervaren van de gevolgen is veel natuurlijker en heeft vermoedelijk een groter leereffect dan het opleggen van een vrijheidsbeperkende straf.
Het doel achter deze wijze van handelen is dat cliënten ook daadwerkelijk leren van de consequenties van hun (niet) handelen. Het uitdelen van een straf is slechts een kunstmatige consequentie van het handelen, niet een natuurlijke. Bovendien onderstreept het de machtsongelijkheid tussen de cliënt en de begeleider.

2 *Vrijheidsbeperking bij vrijwillig opgenomen cliënten in een instelling met een Bopz-aanmerking*

Veel cliënten in de zorg voor mensen met een verstandelijke beperking zijn niet onvrijwillig opgenomen. Zij verblijven al jaren 'vrijwillig' in een instelling of andere woonvoorziening. Alle vormen van vrijheidsbeperking die hiervoor zijn genoemd, komen echter ook bij deze groep voor. Ook hun vrijheid wordt structureel beperkt. Een belangrijk verschil is dat deze groep niet wordt beschermd door de Wet Bopz. Vrijheidsbeperking is eigenlijk ook niet toegestaan bij deze cliënten. Toch gebeurt het wel. Niet ingrijpen bij vrijwillig opgenomen cliënten is lang niet altijd de beste oplossing. Met name als het gaat om het bieden van goede zorg. Een begeleider kan op grond van zijn goed begeleiderschap van mening zijn dat vrijheidsbeperking absoluut noodzakelijk is. Deze wijze van handelen dient, ook gezien de rechtsbescherming die de Wet Bopz biedt, beperkt te blijven tot een tijdelijke situatie. Het wettelijk kader is op dat moment de Wgbo. Daarin is vastgelegd dat dwangbehandeling toegestaan is mits het gaat om het voorkomen van ernstig nadeel voor de cliënt zelf, de cliënt wilsonbekwaam in deze situatie is en geen toestemming geeft. Indien de cliënt een vertegenwoordiger heeft, moet deze instemmen met de maatregel. Als aan al deze voorwaarden is voldaan, mag de begeleider de maatregel toepassen. Het moet in dat geval wel gaan om een incidentele maatregel, anders moet alsnog de juridische status van de cliënt worden aangepast. De Wgbo is immers bedoeld voor 'somatische' dwang.

3 *Vrijheidsbeperking buiten een instelling met een Bopz-aanmerking*

In dit hoofdstuk lichtten we al toe dat de Wet Bopz een beperkte reikwijdte heeft en alleen geldt in instellingen met een Bopz-aanmerking. Hierdoor valt een sociowoning wel onder de reikwijdte van de wet en

een gezinsvervangend tehuis niet, terwijl de populatie cliënten steeds minder van elkaar verschilt. De wetgever kan deze keuze niet goed motiveren. De praktijk leert dat vrijheidsbeperkende maatregelen ook buiten instellingen worden toegepast. Recente ontwikkelingen in de verstandelijk gehandicaptenzorg (zoals particuliere initiatieven, grote instellingsterreinen die verdwijnen, modernisering van de AWBZ en de Wet Maatschappelijke Ondersteuning) bevorderen deze toepassingen buiten instellingen.
Dit betekent niet dat vrijheidsbeperking buiten instellingen met een Bopz-aanmerking 'verkeerd' zou zijn. Begeleiders lopen in de verschillende woonsituaties tegen diverse problemen aan. Als een cliënt een gevaar vormt voor zichzelf of zijn omgeving, is soms een overplaatsing onvermijdelijk. Lang niet altijd zijn de kleinere woonvormen toegerust om een cliënt op dat moment de juiste bescherming te bieden. Daarnaast beschikt het personeel niet altijd over de juiste vaardigheden om een cliënt op dat moment de juiste zorg te kunnen bieden. Vrijheidsbeperking, en dan met name de ingrijpende vormen, vereist de juiste deskundigheid. Begeleiders die werkzaam zijn in een logeerhuis of een kleine woonvorm zijn bijvoorbeeld niet altijd op de hoogte van de veiligheidsvoorschriften bij het gebruik van een Zweedse band. Per cliënt en ook per situatie moet worden bekeken of de woonsituatie geschikt is om de juiste ondersteuning te kunnen bieden en of het personeel over de juiste kennis en vaardigheden beschikt. Als beide vragen met ja kunnen worden beantwoord, moeten ook hier de criteria proportionaliteit, subsidiariteit en effectiviteit in acht worden genomen.

6.5.5 ZORGVULDIGHEIDSEISEN

Het juridische kader voor het recht op vrijheid sluiten we af met het vermelden van een aantal zorgvuldigheidseisen waaraan elke toepassing van vrijheidsbeperking, in welke vorm dan ook, dient te voldoen.

Deskundigheid begeleiders

Allereerst vormt de deskundigheid van hulpverleners, en in het bijzonder begeleiders, een belangrijke waarborg als het gaat om de toepassing van vrijheidsbeperking. In de Wet op de beroepen in de individuele gezondheidszorg (Wet BIG) is geregeld dat eenieder handelingen op het gebied van de individuele gezondheidszorg mag verrichten. Deze wet beoogt de kwaliteit van zorg te bewaken en te bevorderen. Een aantal handelingen, de zogenoemde *voorbehouden handelingen*, wordt apart geregeld. Dit zijn handelingen die naar het oordeel van de wetgever een gevaar voor de gezondheid vormen als ze worden verricht door een ondeskundige.

Een vrijheidsbeperkende maatregel is volgens de wetgever geen voorbehouden handeling. Vrijheidsbeperking blijft voorlopig wel een risicovolle handeling. Het verdient daarom aanbeveling om ook voor deze handelingen zorgvuldigheidseisen in acht te nemen. In een aantal instellingen voor mensen met een verstandelijke beperking worden eisen gesteld aan de bekwaamheid van een begeleider. Er zijn instellingen waar een begeleider pas mag overgaan tot het fixeren of separeren als hij in het bezit is van een *bekwaamheidsverklaring*. Deze geeft aan dat hij zowel theoretisch als praktisch geschoold is om de handeling verantwoord te kunnen verrichten.

In de Wet BIG worden geen criteria genoemd om de bekwaamheid van een begeleider in te schatten. Uit het *Stappenplan voorbehouden handelingen* kan een aantal aspecten worden afgeleid dat relevant is voor het beoordelen van de bekwaamheid van een begeleider:

1 Bezit de begeleider de kennis en vaardigheden voor het uitvoeren van de risicovolle handeling? Aanvullende scholing kan nodig zijn voor begeleiders die niet over de vereiste bekwaamheid beschikken.
2 Is de begeleider op de hoogte van het geldende protocol voor deze risicovolle handeling? Het is aan te bevelen om eenduidige afspraken over de te volgen procedure te maken.
3 Is de begeleider bekwaam in deze specifieke context? De situatie waarin een cliënt gesepareerd moet worden, kan afwijken van de situatie die in het protocol staat omschreven, waardoor de begeleider ook een zekere beoordelings- en beslissingsvrijheid moet hebben.
4 Wordt het functioneren van een begeleider regelmatig geëvalueerd? Daarbij dient ook rekening te worden gehouden met nieuwe ontwikkelingen.

Indien een van deze vragen met 'nee' wordt beantwoord, kan eventueel in overleg met de voorziening een specifieke training worden gevolgd. Een begeleider kan niet worden gedwongen om risicovolle handelingen te verrichten. Hij heeft de mogelijkheid om, op grond van zijn goed begeleiderschap (artikel 7:453 BW), het uitvoeren van bepaalde handelingen te weigeren.

Registreren

Elke toepassing van vrijheidsbeperking, waartoe in elk geval dwangbehandeling, middelen of maatregelen en beperkingen in het recht op bewegingsvrijheid behoren, moet worden vastgelegd in het dossier van de cliënt. Daarbij moet de reden van de toepassing worden vermeld. In de voorziening moet een register worden aangemaakt waarin alle vormen van vrijheidsbeperking worden bijgehouden. Deze zorgvuldigheidseisen kunnen worden beschouwd als een onderdeel van goed begeleiderschap. Daarnaast kunnen de gegevens worden gebruikt om het (kwaliteits)beleid ten aanzien van vrijheidsbeperking aan te passen. Elke maatregel die wordt genoteerd, moet ook regelmatig worden geëvalueerd. Daarbij kunnen de criteria proportionaliteit, subsidiariteit en effectiviteit van pas komen. De uitkomsten van deze evaluatie kunnen ertoe leiden dat de maatregel wordt aangepast of mogelijk wordt stopgezet als niet meer voldaan is aan het effectiviteitbeginsel.

Melden aan de Inspectie
De Inspectie houdt toezicht op de toepassingen van vrijheidsbeperkingen door middel van de meldingen die van instellingen binnenkomen. Bij aanvang en bij beëindiging van dwangbehandeling en bij aanvang van middelen of maatregelen moet hiervan melding worden gemaakt bij de inspecteur aan de hand van speciale meldingsformulieren. Een melding over dwangbehandeling dient in elk geval door de Inspectie na afloop van de behandeling getoetst te worden op een zorgvuldige toepassing.

Kwaliteitsbeleid
Naast de deskundigheid van begeleiders, intern registreren en extern melden van vrijheidsbeperkingen vormt een breed opgezet kwaliteitsbeleid ten aanzien van vrijheidsbeperking een belangrijk thema. De Wet Bopz zegt hier niets over. Een goed opgezet kwaliteitsbeleid draagt bij aan de bewustwording van begeleiders als het gaat om het begrip vrijheidsbeperking en de toepassing ervan.

Belangrijke elementen van een kwaliteitsbeleid zijn:
- Een Bopz-commissie bestaande uit een aantal hulpverleners van de instelling. Bij voorkeur heeft de commissie een onafhankelijke voorzitter.
- Een Bopz-functionaris: een medewerker binnen de instelling die alle registraties en meldingen naar de Inspectie in kaart brengt en terugrapporteert naar de afdelingen/woningen.
- Een intern registratiesysteem waartoe alle betrokken hulpverleners toegang hebben.
- Een visie op vrijheidsbeperking binnen de instelling.
- De visie van de instelling binnen elk team toegespitst op de aanwezige cliëntenpopulatie.
- Een handleiding voor vrijheidsbeperking, met daarin alle relevante protocollen en een overzicht van de verantwoordelijkheden van de betrokken hulpverleners.
- Specifieke deskundigheid van begeleiders voor een aantal toepassingen van vrijheidsbeperking (separatie, afzondering, fixatie, medicatie). Niet elke begeleider mag bij een cliënt een Zweedse band aanbrengen.
- Een vertaling van het beleid over vrijheidsbeperking voor cliënten.

Verder kan gebruik gemaakt worden van adviezen en richtlijnen die de afgelopen jaren zijn verschenen. Zo heeft de Inspectie een advies uitgebracht over het gebruik van de Zweedse band in de verstandelijk gehandicaptenzorg. Daarnaast is, in samenwerking met het Kwaliteitsinstituut voor de Gezondheidszorg (CBO, Centraal Begeleidingsorgaan) en de Verpleegkundig Wetenschappelijke Raad, een richtlijn verschenen over het gebruik van vrijheidsbeperkende maatregelen. Tot slot verscheen *Kwaliteitscriteria voor vrijheidsbeperking in de zorg voor mensen met een verstandelijke beperking* (Abma e.a., 2006). Deze adviezen en criteria kunnen bijdragen aan het verbeteren van de zorgvuldigheid van toepassingen van vrijheidsbeperkingen.

Begrippen

Bescherming
In dit boek spreken we regelmatig over bescherming. Het uitgangspunt is dat een inbreuk op het recht op vrijheid, zeggenschap, informatie of privacy zoveel mogelijk beperkt blijft tot situaties waarin de cliënt wordt beschermd tegen zichzelf.

Bewindvoerder
Een bewindvoerder, die benoemd wordt door de rechter, neemt alleen beslissingen voor een cliënt als het gaat om zijn financiën. Een cliënt kan een bewindvoerder en een mentor hebben. Een bewindvoerder stimuleert zoveel mogelijk dat een cliënt, mits hij op dat moment ten aanzien van het onderwerp wilsbekwaam is, zelf zijn beslissingen kan nemen. Alleen waar nodig treedt de bewindvoerder op.

Cliënt
De cliënt is de persoon met een verstandelijke beperking die zorg en ondersteuning ontvangt van een zorginstelling. In dit boek maken we geen onderscheid tussen cliënten met een lichte, matige, ernstige en zeer ernstige verstandelijke beperking. Ook is niet relevant waar een cliënt woont. Ons uitgangspunt is dat elke cliënt dezelfde rechten heeft. Alleen in passages in het boek waar dat onderscheid relevant is, wordt de mate van beperking specifiek genoemd.

Curator
Een curator behartigt zowel de financiën van een cliënt (de aanschaf van nieuwe spullen, het betalen van de vakantie) als aangelegenheden die met zijn ondersteuning te maken hebben (een overplaatsing, medische aangelegenheden). Een curator stimuleert zoveel mogelijk dat een cliënt, mits hij op dat moment ten aanzien van het onderwerp wilsbekwaam is, zelf zijn beslissingen kan nemen. Alleen waar nodig treedt de curator op.

Effectiviteit
Effectiviteit betekent dat een vrijheidsbeperkende maatregel of een inbreuk op de rechten van cliënten niet langer mag duren dan noodzakelijk is. Als de maatregel of inbreuk geen effect meer heeft, moet deze gestaakt worden.

Goed begeleiderschap
De wettelijke term is goed hulpverlenerschap. In deze context gebruiken we de term goed begeleiderschap. Goed begeleiderschap betekent dat een begeleider cliënten op een dusdanige manier ondersteuning

biedt dat ze meer inzicht krijgen in hun eigen situatie en mogelijkheden. Het betekent ook dat een begeleider zijn handelen baseert op zijn eigen professionaliteit. Hij gaat niet in op verzoeken van cliënten en vertegenwoordigers die strijdig zijn met zijn professionele standaard.

Goede zorg
Goede zorg heeft een brede betekenis. Het vereist een actieve houding van de begeleider. Hij moet inspelen op de situatie en rekening houden met de mogelijkheden van de individuele cliënt. Goede zorg betekent ook dat op bepaalde momenten ingrijpen noodzakelijk is. De ingreep dient op dat moment bij te dragen aan de ontwikkeling van de cliënt.

Informatie
Elke cliënt heeft, onder andere op grond van de Wgbo, recht op informatie over de maatregelen die leiden tot een beperking van zijn vrijheid, privacy, zeggenschap of ontplooiing. De informatie moet eenvoudig en begrijpelijk worden medegedeeld aan de cliënt.

Informationele privacy
Informationele privacy hangt samen met het verzamelen en uitwisselen van gegevens van een cliënt. Het gaat over zaken als het dossier, de overdracht en het ondersteuningsplan van de cliënt.

Mentor
Een mentor neemt alleen beslissingen voor een cliënt als het gaat om aangelegenheden die met zijn ondersteuning (verpleging, verzorging en behandeling) te maken hebben. Een cliënt kan een mentor en een bewindvoerder hebben. Een mentor stimuleert zoveel mogelijk dat een cliënt, mits hij op dat moment ten aanzien van het onderwerp wilsbekwaam is, zelf zijn beslissingen kan nemen. Alleen waar nodig treedt de mentor op.

Ondersteuningsplan
Een ondersteuningsplan vormt het uitgangspunt voor de ondersteuning die wordt geboden aan een cliënt. Hierin worden afspraken vastgelegd in overleg met de cliënt en/of zijn vertegenwoordiger en met andere disciplines, zoals de gedragsdeskundige of de arts, en het team. Ook vrijheidsbeperkende maatregelen kunnen onderdeel uitmaken van het ondersteuningsplan. Het ondersteuningsplan wordt ook wel zorgplan, begeleidingsplan of persoonlijk plan genoemd.

Ontplooiing
Het recht op ontplooiing beschouwen we in dit boek als een beginsel waarin elementen van bescherming, zelfbeschikking en goede zorg terug te vinden zijn. Idealiter zou elke handeling of beperking van

een begeleider in het teken moeten staan van de ontplooiing van cliënten.

Persoonlijk begeleider
Een persoonlijk begeleider is het directe aanspreekpunt voor een cliënt en/of zijn vertegenwoordiger. Hij is degene die op basis van het ondersteuningsplan een cliënt ondersteuning biedt die zoveel mogelijk is gericht op het bevorderen van de mogelijkheden van een cliënt.

Privacy
Privacy heeft te maken met de (bescherming van de) persoonlijke levenssfeer, persoonlijke vrijheid, privésfeer, het verzamelen en bewaren van persoonsgegevens, ontplooiingskansen van een individu, onaantastbaarheid van het eigen lichaam (ofwel het recht op afweer van inbreuken van buitenaf op het lichaam).

Proportionaliteit
Elke inbreuk die wordt opgelegd door een begeleider moet in verhouding staan tot het doel dat hij *er mee* wil bereiken. Een cliënt mag bijvoorbeeld niet worden afgezonderd omdat hij zijn boterhammen niet heeft opgegeten en daarom een grote mond opzet.

Ruimtelijke privacy
Ruimtelijke privacy heeft te maken met het verblijf van een cliënt in een woning.

Subsidiariteit
Subsidiariteit betekent dat de minst ingrijpende inbreuk moet worden gekozen. In plaats van een vertegenwoordiger inzage te geven in het hele dossier kan er bijvoorbeeld ook voor worden gekozen om hem slechts beperkte inzage te geven, ook op verzoek van de cliënt.

Ultimum remedium
Vrijheidsbeperking is een allerlaatste redmiddel. Dit betekent dat je als team voortdurend op zoek moet gaan naar alternatieven voor vrijheidsbeperking die voorkomen dat een dergelijke situatie zich opnieuw voor kan doen.

Vertegenwoordiger
Onder een vertegenwoordiger wordt verstaan een familielid of ander persoon die de belangen behartigt van een cliënt. Dit mag geen begeleider of andere hulpverlener zijn die in dienst is van de instelling die de cliënt ondersteuning biedt. Een vertegenwoordiger heeft als belangrijkste taak het behartigen van de belangen van de cliënt. Daarbij geldt het uitgangspunt dat een vertegenwoordiger de cliënt, als deze wilsbekwaam ter zake is, zoveel mogelijk stimuleert om zelf zijn be-

slissingen te nemen. Alleen waar dat nodig is, treedt de vertegenwoordiger op.
Een cliënt kan door een wettelijke vertegenwoordiger (curator, mentor en/of bewindvoerder) of een niet-wettelijk vertegenwoordiger worden vertegenwoordigd (familieleden: ouders, broer of zus).

Vrijheidsbeperking
Iedere ingreep die de individuele grondrechten (vrijheid, privacy en lichamelijke integriteit) van een cliënt beperkt. Daarbij is niet van belang of een cliënt toestemming verleent of niet.

Wbp
De Wet bescherming persoonsgegevens bevat de belangrijkste regels voor het vastleggen en gebruiken van persoonsgegevens. De Wbp heeft betrekking op alle gebruik ('verwerkingen') van persoonsgegevens, van verzamelen tot en met vernietigen.

Wet BIG
De Wet op de beroepen in de individuele gezondheidszorg richt zich op de kwaliteit van de beroepsuitoefening met als doel de cliënt te beschermen tegen ondeskundig en onzorgvuldig handelen door begeleiders, artsen en gedragskundigen.

Wet Bopz
De Wet bijzondere opnemingen in psychiatrische ziekenhuizen regelt de rechtspositie van onvrijwillig opgenomen cliënten. Deze wet geldt ook in intramurale instellingen voor mensen met een verstandelijke beperking, maar niet in semimurale en ambulante voorzieningen.

Wgbo
De Wet op de geneeskundige behandelingsovereenkomst regelt op basis van een overeenkomst, tussen de instelling en de cliënt, de rechten van de cliënt in relatie tot een gedragskundige, een arts of een begeleider.

Wilsonbekwaamheid
Het begrip wilsonbekwaamheid wordt niet in de wet genoemd. Wel is in de Wgbo en de Wet Bopz een omschrijving van dit begrip te vinden. Het betekent dat cliënten niet in staat zijn om over een bepaald onderwerp, en ook op een bepaald moment, een beslissing te nemen die goed doordacht is. Cliënten die wilsonbekwaam zijn voor bepaalde beslissingen, begrijpen ook niet goed wat de gevolgen van hun beslissing zijn. Een cliënt met een verstandelijke beperking hoeft niet volledig dan wel definitief wilsonbekwaam te zijn. Per situatie moet worden bekeken of hij wils(on)bekwaam is. Deze beslissing wordt voor niet-ingrijpende zaken (hoeveel boterhammen, wel of geen jas aan) genomen door de begeleider. Als het gaat om meer ingrijpende

beslissingen (wel/niet naar de arts/tandarts) wordt de arts en/of gedragskundige betrokken bij de beslissing.

Wkcz
De Wet klachtrecht cliënten zorgsector regelt dat iedere instelling een klachtenregeling heeft en stelt de voorwaarden waaraan de klachtenregeling moet voldoen.

Wmcz
De Wet medezeggenschap cliënten zorginstellingen regelt dat iedere instelling een cliëntenraad moet hebben. De wet regelt de rechten van de cliëntenraad.

Zeggenschap
Zelf beslissingen nemen over belangrijke en minder belangrijke zaken in je eigen leven.

Zelfbeschikking(srecht)
Het recht op zeggenschap. Het zelf beslissingen mogen nemen over belangrijke en minder belangrijke zaken in je eigen leven.

Zorginstelling
De semimurale of intramurale voorziening, de woonvorm of het activiteitencentrum.

Afkortingen

AWBZ	Algemene Wet Bijzondere Ziektekosten
BW	Burgerlijk Wetboek
CBO	Centraal Begeleidingsorgaan
CBZ	College Bouw Ziekenhuisvoorzieningen
CIZ	Centrum Indicatiestelling Zorg
Cvp	Cliëntenvertrouwenspersoon
EVRM	Europees Verdrag voor de Rechten van de Mens
Gw	Grondwet
IBS	Inbewaringstelling
IGZ	Inspectie voor de Gezondheidszorg
Kwz	Kwaliteitswet zorginstellingen
Pgb	Persoonsgebonden budget
RM	Rechterlijke machtiging
UVRM	Universele Verklaring van de Rechten van de Mens
VGN	Vereniging Gehandicaptenzorg Nederland
VN	Verenigde Naties
Wbp	Wet bescherming persoonsgegevens
Wet BIG	Wet op de beroepen in de individuele gezondheidszorg
Wet Bopz	Wet Bijzondere opnemingen in psychiatrische ziekenhuizen
Wgbo	Wet op de geneeskundige behandelingsovereenkomst
Wmo	Wet medisch-wetenschappelijk onderzoek met mensen

Wkcz	Wet klachtrecht cliënten zorgsector
Wmcz	Wet medezeggenschap cliënten zorginstellingen

Literatuur

Abma, T.A., Frederiks, B.J.M., Hooren, R.H. van, Widdershoven, G.A.M., Wijmen, F.C.B. van & Curfs, L.M.G. (2007). Morele dilemma's in de zorg voor mensen met verstandelijke beperkingen. Kwaliteitscriteria voor vrijheidsbeperkende interventies. MGv, 62(3), 195-207.

Abma, T.A., Frederiks, B.J.M., Hooren, R.H. van, Widdershoven, G.A.M., Wijmen, F.C.B. van & Curfs, L.M.G. (2006). Schipperen tussen niet helpen en overrulen: kwaliteitscriteria voor vrijheidsbeperking van mensen met verstandelijke beperkingen. Journaal Ggz en recht, 2(8), 171-175.

Abma, T.A., Frederiks, B.J.M., Hooren, R.H. van, Widdershoven, G.A.M., Wijmen, F.C.B. van & Curfs, L.M.G. (2006). Kwaliteitscriteria voor vrijheidsbeperking in de zorg voor mensen met een verstandelijke beperking. Maastricht: Universiteit Maastricht.

Abma, T.A., Frederiks, B.J.M., Hooren, R.H. van, Widdershoven, G.A.M., Wijmen, F.C.B. van & Curfs, L.M.G. (2005). Kwaliteit van vrijheidsbeperking: communicatie als criterium. Nederland Tijdschrift voor de Zorg aan Verstandelijk Gehandicapten, 31(3), 147-160.

Arends, L.A.P., Blankman K. & Frederiks, B.J.M. (2002). Evaluatie Wet Bopz, Deelonderzoek 10-3: Interne rechtspositie in de psychogeriatrie en de verstandelijk gehandicaptensector. Den Haag: ZonMw.

Boschman, M. (2005). Communiceren met mensen met een verstandelijke handicap. Soest: Uitgeverij Nelissen.

CBO, Kwaliteitsinstituut voor de gezondheidszorg, SOKG, Universiteit Maastricht, ZonMW, (2004). Klachtenrichtlijn gezondheidszorg. Alphen aan de Rijn: Van Zuiden Communications BV

Dulk, L. den (2003). Optimale medezeggenschap. Soest: Uitgeverij Nelissen.

Frederiks, B.J.M., Widdershoven, G.A.M., Wijmen, F.C.B. van & Curfs, L.M.G. (2005). Vrijheidsbeperking in de verstandelijk gehandicaptenzorg: een aanzet tot systematisering. Nederlands Tijdschrift voor de Zorg aan verstandelijk gehandicapten, 31(1), 18-34.

Frederiks, B.J.M. & Blankman, K. (2005). Praktijkreeks Bopz deel 9: De verstandelijk gehandicaptenzorg. Den Haag: Sdu Uitgevers.

Frederiks, B.J.M. (2004). De rechtspositie van mensen met een verstandelijke handicap. Van beperking naar ontplooiing. Dissertatie. Den Haag: Sdu Uitgevers.

Meersbergen, D.Y.A. & Frederiks B.J.M. (2007). Omgaan met risicovolle handelingen in de psychiatrie, verstandelijk gehandicaptenzorg en psychogeriatrie, Journaal Ggz en recht, 3(3-4), 51-57.

Meininger, H.P. & Frederiks B.J.M. (2005). Gedwongen anticonceptie bij mensen met een verstandelijke handicap? Juridische en ethische kanttekeningen bij een actuele discussie. Nederland Tijdschrift voor de Zorg aan Verstandelijk Gehandicapten, 31(3), 161-183.

Raad BIG (1996). Stappenplan Voorbehouden handelingen. Den Haag: Ministerie VWS.

Raad op Maat (2007). Bopz vereenvoudigd voor cliënten met een verstandelijke handicap. Gouda: Raad op Maat.

Raad op Maat (2006). Rechten van de cliënt. Stripboek. Gouda: Raad op Maat.

Raad op maat (2003). Rechten van de cliënt. Dvd. Gouda: Raad op Maat.

Stikker, T.E., Jonkers, M., Gerzon, R. Ph., Dijk, K. van, Frederiks, B. & Janssen, A. (2007). Vraagbaak psychiatrie en recht. Den Haag: Sdu Uitgevers.

Witmer, H. & Roode R. de (2004). Implementatie van de Wgbo. Van wet naar praktijk. Deel 2: Informatie en toestemming. Utrecht: KNMG.